Estudio de 1 Corintios 1

Estudio de 1 Corintios I

Dr. Jaerock Lee

Estudio de 1 Corintios I, escrito por el Dr. Jaerock Lee
Publicado por Libros Urim (Representante: Kyungtae Noh)
73, Yeouidaebang-ro 22-gil, Dongjak-Gu, Seúl, Corea
www.urimbook.com

Todos los derechos reservados. Ninguna parte de esta publicación podrá ser reproducida, procesada en algún sistema que la pueda reproducir o transmitida en alguna forma o por algún medio electrónico, mecánico, fotocopia, cinta magnetofónica u otro sin el permiso previo por escrito de los editores.

A menos que se indique lo contrario, todo el texto Bíblico ha sido tomado de la versión Reina-Valera © 1960 Sociedades Bíblicas en América Latina; © renovado 1988 Sociedades Bíblicas Unidas. Utilizado con permiso. Reina-Valera 1960™ es una marca registrada de la American Bible Society, y puede ser usada solamente bajo licencia.

Derechos de autor © 2016 por el Dr. Jaerock Lee
ISBN: 979-11-263-0062-4 04230
ISBN: 979-11-263-0061-7 (set)
Derechos de traducción al inglés © 2013 por la Dra. Esther K. Chung. Usada con permiso.

Publicado originalmente en coreano por Libros Urim, en el 2008.

Primera publicación: Febrero de 2016

Editado por la Dra. Geumsun Vin
Diseñado por la oficina editorial de Libros Urim
Impreso por Yewon Printing Company
Para mayor información contáctese con urimbook@hotmail.com

Introducción

Guía espiritual y material para los creyentes

La gente que vive actualmente en el mundo moderno, quizás se pregunte o tenga conflicto dentro de sí por causa de la confusión de los valores. Esto no se limita a los no creyentes solamente, sino que todos podemos enfrentar varios tipos de problemas incluso mientras llevamos una vida de fe. Esos problemas quizás incluyan desacuerdos, diferencias de opinión, juicios, matrimonio y divorcio.

El enemigo diablo y Satanás tienta constantemente a los creyentes para causar que vivan fuera de la Palabra de Dios. De este modo, los que intentan vivir de acuerdo a Su Palabra quizás tengan preguntas respecto a la Palabra y su aplicación práctica para la solución de problemas.

Este era el caso en la iglesia de Corinto, que en el tiempo de

Pablo era una ciudad ocupada con muchas personas de varias culturas y diversos trasfondos étnicos. Había clases sociales definidas y la población adoraba a un número variado de dioses. Existía también un alto grado de corrupción moral.

Al vivir bajo aquellas condiciones, los creyentes en la iglesia de Corinto tenían muchos conflictos y problemas. Además, ya que la iglesia se había establecido hace poco tiempo, tenían dificultades para llevar sus vidas en la fe. Con el propósito de ayudarles a llevar una vida cristiana madura, el apóstol Pablo les dio respuestas bíblicas a muchas interrogantes y problemas.

Estas respuestas y una manera de resolver estos problemas que pueden tomar lugar en nuestras vidas cotidianas se registra en la primera carta de Pablo a la iglesia de Corinto, conocida como 1 Corintios. En la compleja sociedad actual se hace importante que aprendamos y entendamos cuidadosamente este contenido.

Este libro, *Estudio de 1 Corintios,* explica cómo comprender y poner en práctica los asuntos relacionados con conflictos, la evangelización, el matrimonio, la idolatría y los dones espirituales. Usted podrá llevar una vida cristiana más poderosa si encuentra el camino correcto al entender su problema a la luz de la Palabra de Dios.

Extiendo mi gratitud a Geumsum Vin, Directora del Departamento Editorial de Libros Urim, y a todo el personal. Ruego en el nombre del Señor Jesucristo que todos los lectores comprendan con claridad la voluntad de Dios y la pongan en práctica para que puedan recibir abundantes bendiciones de Su parte.

Jaerock Lee

Tabla de contenidos

Introducción
Presentación de la Primera Epístola a los Corintios

Capítulo 1
Pablo se convierte en apóstol gracias a la Providencia de Dios · 1

1. Un apóstol y un siervo de Dios
2. Salvación por medio de Dios la Trinidad
3. Que todos se pongan de acuerdo
4. Cristo es la sabiduría y el poder de Dios
5. Gloriarse en el Señor

Capítulo 2
La sabiduría de Dios · 51

1. La manifestación del poder mediante el Espíritu
2. El camino de la cruz, la sabiduría de Dios
3. La gracia de Dios comprendida por medio del Espíritu Santo
4. Las cosas espirituales se disciernen a través del Espíritu

Capítulo 3

Somos el templo de Dios · 87

1. La iglesia de Corinto perteneció a la carne
2. Dios da el crecimiento
3. Un sabio arquitecto
4. La obra de cada uno
5. Destruir el templo de Dios
6. La sabiduría del mundo es necedad

Capítulo 4

Sed imitadores míos · 131

1. Requisitos de los siervos que son administradores
2. ¿De qué manera es justificado un hombre?
3. No sobrepasar lo que está escrito
4. Sed imitadores míos
5. Poder y habilidad a través del Reino de Dios

Tabla de contenidos

Capítulo 5

Lecciones sobre el adulterio · 173

1. Cómo manejar la inmoralidad sexual
2. Limpiad la levadura vieja
3. No anden en compañía de personas inmorales

Capítulo 6

Juicios entre los creyentes · 203

1. Problemas entre los miembros de la iglesia
2. Los santos juzgarán al mundo
3. Para vergüenza vuestra
4. Pecados que llevan a la muerte
5. Aquello por lo que debemos vivir
6. Significado espiritual de la ramera

Capítulo 7

El matrimonio · 235

1. Una vida matrimonial deseable
2. Significado espiritual de 'privar'
3. "Yo desearía que todos los hombres fueran como yo"
4. El divorcio
5. De acuerdo a la medida de la fe
6. La diferencia entre las 'acciones externas' y el acto de 'guardar los mandamientos'
7. "Es bueno que el hombre se quede como está"
8. Las circunstancias de los padres de una doncella o de las viudas y viudos

Presentación de la Primera Epístola a los Corintios

1. Acerca del escritor de la Primera Epístola a los Corintios

El escritor de la primera epístola a los Corintios es el apóstol Pablo. Antes de creer en Jesucristo, su nombre era Saulo. Él nació en Tarso de Cilicia y recibió instrucción por parte de Gamaliel, quien era un maestro de la Ley muy respetado por el público.

Ya que había estudiado con el mejor maestro de la época, el conocimiento de Saulo sobre filosofía era excelente. Él amaba mucho a Dios y guardaba estrictamente la Ley. Se podía decir que él era un 'Hebreo de los hebreos', ya que pertenecía a la clase alta y era ciudadano romano, por lo que contaba con plena ciudadanía del imperio romano.

Antes de conocer al Señor Jesús, Saulo perseguía a los

creyentes en el Señor porque pensaba que eran una amenaza a la religión judía; tomó el mando de la persecución y encarcelaba a los creyentes.

Conoció al Señor Jesucristo en su camino a Emaús; él estaba viajando con un documento oficial del sumo sacerdote para arrestar a aquellos que eran creyentes y seguidores de Jesús. Debido a que Dios conocía el amor que Saúl le tenía, lo escogió para hacerlo Su discípulo. Dios lo apartó desde el inicio de los tiempos porque sabía que se arrepentiría y se convertiría en alguien muy fiel al Señor Jesús si tan solo tenía un encuentro

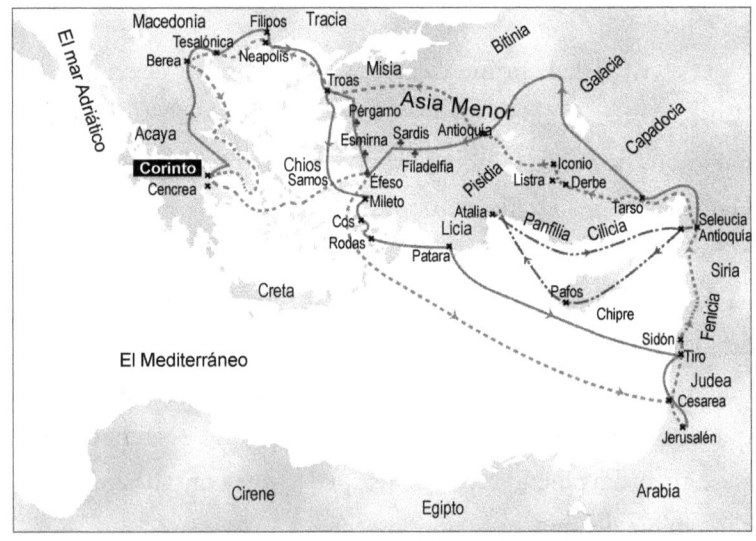

Los viajes misioneros del apóstol Pablo
(Primero ——, segundo ---, tercero —)

con Él.

Saulo llegó a ser conocido como 'Pablo'. Él trabajaba fielmente, incluso al punto de la muerte, en calidad de 'apóstol a los gentiles'. Él estableció las bases para la difusión del evangelio hasta el fin del mundo por medio de sus tres viajes misioneros, y estableció muchas iglesias en Asia Menor y en Grecia.

A partir del momento que conoció al Señor, el apóstol Pablo decidió dedicarse al Señor con toda su vida y cumplió su deber por completo en calidad de siervo de Dios y como un apóstol.

2. Corinto

Corinto era una gran ciudad en la parte sur de Grecia. En la época de Pablo, Corinto estaba gobernada por el imperio romano y estaba rodeada por el mar en tres de sus lados: este, oeste y sur. Asia era su vecino al norte, y Roma al oeste. Su ubicación la convirtió en un centro para el comercio entre Asia y Roma.

Era una ciudad comercial muy concurrida y floreciente, que estaba llena de funcionarios del gobierno, soldados, comerciantes y marineros provenientes de varios lugares del imperio romano. Muchos eventos deportivos se desarrollaban con frecuencia, y también era famosa por sus construcciones y artes. Como es natural, se desarrollaron culturas sensuales y la gente se corrompió en lo religioso y moral.

Había más de treinta templos de dioses gentiles, incluyendo el templo de Afrodita, donde la gente hacía sus rituales antes de salir a comerciar. La ciudad estaba moralmente muy corrupta, al punto de que existían más de mil rameras alrededor del templo de Afrodita.

3. Relación entre la iglesia de Corinto y el apóstol Pablo

Alrededor del año 50 d. C., el apóstol Pablo predicó el evangelio en Corinto con Silas y Timoteo durante su segundo viaje misionero, y establecieron una iglesia. Él se quedó en casa de Priscila y Aquila, y predicó el evangelio mientras hacía carpas.

Al principio predicaba en las sinagogas judías, pero por causa de la oposición de los judíos, se quedó por un año y medio en la casa de Tito Justo mientras establecía las bases para la iglesia. La mayoría de los creyentes eran gentiles, pero también había algunos judíos.

4. Tiempo, lugar y razón por la que escribió el libro

El libro de 1 Corintios es una epístola, es decir una carta que el apóstol Pablo escribió en Éfeso durante su tercer viaje misionero, alrededor del año 55 d. C. Los creyentes en la iglesia de Corinto trataban de llevar vidas santas, pero enfrentaban muchos problemas por causa del entorno sensual y corrupto que los rodeaba.

Los conflictos se levantaron entre los creyentes ricos y los pobres, y también había problemas de juicios entre ellos. Había problemas matrimoniales, así como problemas para mantener la castidad y aquellos que se levantaban para comer las cosas que habían sido ofrecidas a los ídolos. El apóstol Pablo escribió esta carta para darles soluciones claras a sus problemas.

5. Rasgos distintivos de 1 Corintios

Los libros bíblicos de Romanos y Gálatas están más enfocados en asuntos doctrinales, pero la primera epístola de Corintios trata principalmente sobre problemas prácticos de la vida. Entre los creyentes, 1 Corintios es un práctico libro de respuestas a los problemas que los creyentes pueden enfrentar a nivel personal o para la iglesia en general.

Proporciona respuestas claras para asuntos como las disensiones en la iglesia, el mal uso de los dones espirituales, el matrimonio, la Santa Cena, la 'comida sacrificada a los ídolos', y la resurrección. Por consiguiente, si comprendemos este libro de 1 Corintios con claridad, nos será de gran ayuda en nuestra vida cristiana y podremos llevar una vida bendecida porque entenderemos la voluntad de Dios a plenitud.

Capítulo 1

PABLO SE CONVIERTE EN APÓSTOL GRACIAS A LA PROVIDENCIA DE DIOS

— Un apóstol y un siervo de Dios

— Salvación por medio de Dios la Trinidad

— Que todos se pongan de acuerdo

— Cristo es la sabiduría y el poder de Dios

— Gloriarse en el Señor

Un apóstol y un siervo de Dios

"Pablo, llamado a ser apóstol de Jesucristo por la voluntad de Dios, y Sóstenes, nuestro hermano..." (1:1)

El nombre del apóstol Pablo antes de que conociera a Jesucristo fue Saulo. Él arrestaba a los discípulos del Señor y los encarcelaba. Saulo era un legalista estricto; para él, seguir a Jesús como el Mesías, era una blasfemia contra Dios.

Lo mismo sucede con los legalistas de la actualidad quienes interpretan la Biblia solo de modo literal; emiten juicios y condenación sobre aquellos que manifiestan obras poderosas del Espíritu Santo por medio de señales y prodigios como aquellos que se daban en la iglesia primitiva, y califican aquellas obras como místicas.

¡Dios lo sabe todo! Él conocía que, una vez que Saulo conociera a Jesús, se arrepentiría y llegaría a ser un obrero muy fiel de Jesucristo. Es por eso que fue escogido antes de los tiempos como un apóstol para los gentiles. Desde que conoció al Señor en el camino a Damasco, él se convirtió en un siervo fiel de Dios y dedicó su vida entera al Señor.

Un siervo es aquel quien está ligado a su mayordomo y sigue la voluntad de su amo. El mayordomo de la iglesia es Dios, y el siervo que lleva el evangelio debe obedecer la Palabra de Dios.

Cinco tipos diferentes de siervos

En el primer verso, Pablo dice haber sido 'llamado a ser apóstol de Jesucristo por la voluntad de Dios'. Nosotros no podemos llegar a ser apóstoles por nuestra propia voluntad; debemos ser llamados por la voluntad de Dios.

Actualmente hay pastores que se han convertido en siervos de Dios por Su voluntad, pero también hay otros que no lo son. De manera general, podemos considerar que existen cinco grupos diversos de pastores y siervos de Dios.

Los primeros son aquellos que en verdad han sido llamados por Dios mismo. El segundo comprende los que se han ofrecido voluntariamente por la gracia de Dios. El tercero corresponde a aquellos que han llegado a ser pastores ante la insistencia de los demás. El cuarto grupo implica a los que se hicieron pastores solo por tener trabajo, y en el quinto grupo están los que se han convertido en pastores por medio de la obra de Satanás.

Aquellos que no deben llegar a ser pastores

Si una persona se hace pastor ante la insistencia de padres o amigos, pueden surgir problemas. Por ejemplo: supongamos que uno no es exitoso en sus negocios y que las cosas en general no van bien. Ahora, supongamos que esa persona asiste a un centro de oración y recibe la oración de profecía de parte del pastor, la cual dice: "Usted es escogido por Dios como Su siervo, por eso fracasará en todos sus intentos de hacer negocios".

La persona entonces responde así: "¿En realidad esto puede ser así? Pienso que usted tiene razón ya que no he tenido éxito en nada. Tal vez sea cierto que Dios no me permitió experimentar el éxito en los negocios para que pudiera convertirme en Su siervo".

Algunos se hacen pastores ante la insistencia de algunas personas, tal como en este caso, en lugar de hacerlo porque aman a Dios. No es correcto convertirse en un pastor por temor y sintiéndose obligado a hacerlo. En la Biblia observamos que Dios llamó y usó a aquellos que eran inteligentes y capaces, no a los que fracasaban en la sociedad y que eran incapaces de lograr algo por sí mismos.

Además algunos se hacen pastores solo por tener un trabajo, pensando que al estar en esa posición pueden hacer uso de las ofrendas según su criterio.

Todavía más, a veces el enemigo diablo y Satanás incita y motiva a algunos a hacerse pastores por una variedad de razones; él perturba el reino de Dios por medio de estas personas.

El orden en la iglesia

Muchas personas cuestionan el orden y las jerarquías en la iglesia, y se preguntan: "¿Si todos en la iglesia son iguales ante los ojos de Dios, entonces por qué deben existir posiciones diferentes, como las de pastores, diáconos, ancianos y demás?" Podemos comprender que, incluso en una familia existe un orden de autoridad. Primero están los líderes familiares, el padre y la madre; incluso entre hermanos hay un orden.

¿Qué pasaría si todos los miembros de la familia actuaran en el lugar del padre? ¿Qué ocurriría si todos los empleados de una compañía actuaran como el gerente? ¿Cómo podrían lograr algo? Cualquier grupo u organización debe tener un orden de autoridad y gestión, y deben regirse a él a fin de que la organización se puede mantener y funcionar.

1 Corintios 12:28 dice: *"Y en la iglesia, Dios ha designado: primeramente, apóstoles; en segundo lugar, profetas; en tercer lugar, maestros; luego, milagros; después, dones de sanidad, ayudas, administraciones, diversas clases de lenguas"*. Por consiguiente, en el orden especificado podemos ver aquellos que tienen el don de sanidad están después de los apóstoles, profetas, maestros y los milagros.

No obstante, actualmente algunas personas ignoran este tipo de orden, y dan lugar a problemas. Por ejemplo: cuando alguien recibe el don de sanidad, no lo usa para la gloria de Dios siguiendo el orden en la iglesia sino que se torna arrogante y menosprecia a los pastores e incluso emite juicios sobre ellos. Otras personas dicen estar profetizando, pero así crean divisiones al reunir a las personas en grupos. Este tipo de cosas no deberían ocurrir en las iglesias.

¿Quién está calificado para ser llamado un apóstol?

Un apóstol es alguien que no va tras su propia voluntad, sino que cumple a cabalidad la voluntad de su mayordomo o maestro. En otras palabras, al igual que el Señor quien cumplió la voluntad de Dios por completo, un apóstol sigue el camino del Señor por completo. Por consiguiente, hay muchos pastores, pero no todos ellos son apóstoles.

¿Cómo podemos seguir la voluntad de Dios y cumplirla a cabalidad? Por encima de todo, debemos tener el corazón del Señor y llegar a santificarnos. Podremos hacer lo que hizo Jesús únicamente cuando, a través de la santificación del corazón, recibamos el don de sanidad, demostremos el don de hacer obras milagrosas y usemos el don de la enseñanza. Entonces podremos sanar a los enfermos, desatar las cadenas de injusticia y transformar las almas con la Palabra de Dios para provocarles el deseo de vivir de acuerdo a Su voluntad.

Vemos el término 'apóstol' solo después de la venida del Señor Jesús. ¿Quién fue entonces Moisés, en el Antiguo Testamento? Uno podría preguntarse quién fue el mayor... ¿lo fue Moisés, o Pablo, acaso lo fue Sóstenes, o Timoteo? Debido a que fueron apóstoles, ¿fueron mayores que Moisés?

Si Moisés hubiese nacido en los tiempos del Nuevo Testamento, ¿se le habría llamado también un apóstol? En el Nuevo Testamento el Señor tenía discípulos y les enseñaba. De este modo, todos aquellos que tenían al Señor como maestro y cumplían Su voluntad, eran apóstoles. No obstante, en el Antiguo Testamento, Moisés no tuvo un maestro porque él aprendía de parte de Dios mismo.

En sentido figurado, un rey no tendría un discípulo. Del mismo modo, en los tiempos del Antiguo Testamento, recibían revelación directamente de Dios, por lo que el término 'apóstol' no era necesario entonces. Por otro lado, en el Nuevo Testamento había discípulos del Señor, y estos eran llamados 'apóstoles'.

En Juan 14:12 leemos: *"De cierto, de cierto os digo: El que en mí cree, las obras que yo hago, él las hará también; y aun mayores hará, porque yo voy al Padre"*.

Por ende, los apóstoles verdaderos oran con pasión, reciben el poder de Dios y hacen las poderosas obras al igual que el Señor, apartan al diablo y sanan a los enfermos, transforman a las personas y las motivan a vivir en la verdad con la Palabra de

Dios. Si una persona cumple de este modo la voluntad de Dios, por completo, se la puede llamar 'apóstol'.

Salvación por medio de Dios la Trinidad

"...a la iglesia de Dios que está en Corinto, a los que han sido santificados en Cristo Jesús, llamados a ser santos, con todos los que en cualquier parte invocan el nombre de nuestro Señor Jesucristo, Señor de ellos y nuestro: Gracia a vosotros y paz de parte de Dios nuestro Padre y del Señor Jesucristo" (1:2-3)

En el segundo verso leemos acerca de 'los que han sido santificados en Cristo Jesús'. Esto se refiere a aquellos que se han abstenido de todo lo que está en contra de la verdad, quienes se han vestido con la verdad y viven en ella. 'Santos' son aquellos que se han santificado con la verdad; son los que viven de acuerdo a la Palabra de Dios.

Los que no viven en la Palabra son los que todavía cometen pecados, los que critican, tienen celos y aborrecen a sus hermanos. Estos no guardan el domingo como un día santo, simplemente son 'feligreses', pero como tales, no pueden ser llamados 'santos'. Son la paja que no alcanza salvación ante los ojos de Dios.

El Señor regresará para llevarse el trigo verdadero, pero no la paja, por eso debemos convertirnos en trigo y esforzarnos continuamente por alcanzar la salvación completa viviendo en la Palabra de Dios.

En el tercer verso el apóstol Pablo está bendiciendo a aquellos que van a la iglesia y se esfuerzan por convertirse en hijos santos de Dios. Los bendijo para que tuvieran gracia y paz. Aunque quizás no necesariamente sean calificados para ser llamados santos, aquellos que van a la iglesia y asisten a los servicios de adoración, llegan a tener fe. Es por esto que los bendijo a todos con gracia y paz.

En este caso, la 'gracia' se refiere a la salvación de Jesucristo que Dios nos ofrece gratuitamente, sin precio alguno que pudiéramos pagar. Dios nos da vida y salva a los que creen en el nombre del Señor, que Él murió en la cruz por nosotros y que también resucitó. Esta es Su gracia.

Si comprendemos la verdad de quién es Dios, si entendemos Su voluntad, si conocemos cómo podemos recibir bendiciones y ponemos en práctica la Palabra de verdad, entonces la paz reposará sobre nosotros. Otra bendición de Dios es el hecho de que haya inspirado a Pablo para que escribiera este libro en la Biblia.

> "Siempre doy gracias a mi Dios por vosotros, por la gracia de Dios que os fue dada en Cristo Jesús, porque en todo fuisteis enriquecidos en El, en toda palabra y en todo conocimiento, así como el testimonio acerca de Cristo fue confirmado en vosotros; de manera que nada os falta en ningún don, esperando ansiosamente la revelación de nuestro Señor Jesucristo" (1:4-7).

El apóstol Pablo dice siempre que él da gracias a Dios. Nosotros, quienes hemos sido salvos por medio de la gracia de Jesucristo, tendríamos que hacer la misma confesión.

Hay quienes dicen que los creyentes son buenos para dar discursos; pues sí, si estamos armados con la verdad, seremos buenos para dar discursos. No obstante, el poder hablar bien se debe al Espíritu Santo en nuestro corazón y no a una habilidad propia. Por tanto, incluso aquellos de carácter introvertido pueden testificar valientemente acerca de Jesucristo cuando aprenden la Palabra de Dios.

En el verso seis, dice: "Así como el testimonio acerca de Cristo fue confirmado en vosotros...". ¿Cuál fue este testimonio que Jesucristo ha confirmado en nosotros? Jesús vino al mundo como el Hijo de Dios y nos redimió de los pecados al morir en la cruz; Él cumplió la voluntad de Dios y resucitó, luego ascendió a los Cielos, pero antes de hacerlo nos prometió que regresaría. Al escuchar esta Palabra de verdad de parte de los pastores y hermanos en la fe, nuestra fe crece y se confirma.

Jesús cumplió la ley con amor, y nosotros también podemos vivir en la Palabra de verdad si amamos a Dios plena y completamente. Los que guardan la Palabra de Dios también esperarán ansiosamente la Segunda Venida de nuestro novio, Jesucristo, según consta en Apocalipsis 22:20.

La Biblia compara al Señor con un novio; los creyentes son Sus novias. Así, no solo a las mujeres, sino también a los hombres, se los conoce como 'novias' del Señor. Los que tienen el don del amor, es decir, los que viven en la verdad, anhelan y esperan al Señor, nuestro novio, porque se están preparando a sí mismos como lo haría una novia.

Por ende, el verso siete dice: "de manera que nada os falta en ningún don, esperando ansiosamente la revelación de nuestro Señor Jesucristo". En este caso, el término 'don' se refiere al don del amor descrito en 1 Corintios 13, que es el don para amar a Dios con todo nuestro corazón, mente y alma.

"...el cual también os confirmará hasta el fin, para que seáis irreprensibles en el día de nuestro Señor Jesucristo. Fiel es Dios, por medio de quien fuisteis llamados a la comunión con su Hijo Jesucristo, Señor nuestro" (1:8-9).

En este caso, "el cual" se refiere al Señor, a Jesucristo y al Espíritu Santo simultáneamente. No podemos apartarnos de una vida en pecado sin la ayuda del Espíritu Santo que nos es dado como un don cuando aceptamos a Jesucristo. El Espíritu Santo nos ayuda a entender la verdad y también a tener la habilidad para vivir en la Palabra.

En el verso ocho dice: "...el cual también os confirmará hasta el fin, para que seáis irreprensibles en el día de nuestro Señor Jesucristo". Al hablar del 'día de nuestro Señor Jesucristo' se refiere al día de la Segunda Venida de Jesucristo, o el Día del Juicio. Este verso no está únicamente dirigido a los miembros de la iglesia en Corinto, sino a todos los hijos de Dios.

Nosotros recibimos salvación en el nombre de Jesucristo. ¿Podemos recibir salvación únicamente a través de Jesucristo, sin Dios? Jesucristo vino a este mundo por medio del amor de Dios, y somos salvos porque Jesucristo nos redimió de los pecados.

Esto no significa que podemos ser salvos solo con Dios y Jesucristo; no podemos alcanzar salvación si el Espíritu Santo no está ahí para nosotros. Cuando confesamos que somos pecadores y con humildad aceptamos a Jesucristo como nuestro Salvador, el Espíritu Santo llega a nuestro corazón y nos conduce para vivir en la verdad. Él nos permite conocer acerca del pecado, la justicia y el juicio, y nos da la gracia y fortaleza para que podamos estar firmes en la fe y para que recibamos salvación.

Por consiguiente, debemos comprender que somos salvos

por medio de Dios la Trinidad, es decir, a través del Padre, del Hijo y del Espíritu Santo. Hasta el tiempo del juicio, Jesucristo y el Espíritu Santo nos confirman para que seamos irreprensibles hasta el fin.

Más adelante, en el verso nueve, dice: "Fiel es Dios, por medio de quien fuisteis llamados a la comunión con su Hijo Jesucristo, Señor nuestro". Dice que 'hemos sido llamados' porque Dios nos llamó a la iglesia para que creamos en Jesucristo. No llegamos ante Dios por nuestra cuenta; nadie puede ir ante Dios a menos que sea llamado por Él. Por consiguiente, no debemos decir que hemos llegado a la iglesia y hemos recibido salvación por iniciativa propia, pues hemos sido llamados.

Hay muchas expresiones que hacen referencia a Jesús, tales como 'Su Hijo', 'Jesús', 'Cristo', 'Nuestro Señor', etc. Esto no se debe a que a Dios le gusta lo complejo, sino que hay diferentes significados espirituales en cada uno de aquellos nombres.

Dios tenía un secreto y un plan que había escondido desde antes de los tiempos; este era el plan para nuestra salvación, y el secreto era Jesucristo. Cuando se usa 'Su Hijo' para referirse a Jesús, esto significa que Él es el Hijo unigénito de Dios. Su Hijo vino a este mundo como 'Jesús', que significa 'Aquel que salvará a su pueblo de sus pecados' (Mateo 1:21).

'Cristo' significa 'El Ungido', y esta es la persona que recibía una orden directa de Dios. Es decir, en el título de 'Su Hijo, Jesucristo nuestro Señor', está inmerso el significado de 'el

Unigénito Hijo de Dios, el secreto oculto desde antes del inicio de los tiempos, quien nació en este mundo para salvar a Su pueblo de sus pecados, el que nos redimió y nos dio salvación, convirtiéndose así en nuestro Salvador'.

Dice además que 'Dios es fiel', lo que significa que Dios es digno de confianza y veraz. Asimismo, cuando alabamos a Dios, decimos que Él es fiel; alabamos Su omnipotencia con esta palabra y podemos expresar Su belleza, hermosura y misericordia en general al decir que Dios es fiel.

Que todos se pongan de acuerdo

"Os ruego, hermanos, por el nombre de nuestro Señor Jesucristo, que todos os pongáis de acuerdo, y que no haya divisiones entre vosotros, sino que estéis enteramente unidos en un mismo sentir y en un mismo parecer. Porque he sido informado acerca de vosotros, hermanos míos, por los de Cloé, que hay contiendas entre vosotros. Me refiero a que cada uno de vosotros dice: Yo soy de Pablo, yo de Apolos, yo de Cefas, yo de Cristo" (1:10-12).

Pablo alienta a los hijos de Dios a que se pongan de acuerdo. Sin embargo, ¿cómo pueden ponerse de acuerdo cuando cada uno tiene pensamientos y estándares distintos? En este caso, 'que se pongan de acuerdo' significa que podemos hacerlo cuando comprendemos la Palabra de Dios adecuadamente y vivimos en la verdad.

Si hay disputas significa que todavía tenemos pensamientos

falsos y que no estamos unidos como uno en Dios. Por consiguiente, esta Palabra en esencia significa que debemos abstenernos de los pensamientos falsos y habitar en la verdad.

Si vivimos en la Palabra de Dios, nuestro corazón, voluntad y pensamientos naturalmente se unificarán; nuestro corazón, mente, alma, voluntad y pensamientos pueden llegar a ser uno cuando seguimos la voz del Espíritu Santo ya que la verdad es una.

Por ejemplo: supongamos que una persona está pidiendo a varios consejeros que le den ayuda y dirección espiritual. Claro está que no todos los consejeros le darán, de manera individual, una sola respuesta que sea la misma, lo que se debe a que no están unidos como uno solo en la verdad. Sin embargo, si los consejeros o pastores se preparan con la Palabra de Dios y escuchan la voz del Espíritu Santo claramente, todos le darán casi la misma respuesta.

En Romanos 8:14 leemos: *"Porque todos los que son guiados por el Espíritu de Dios, los tales son hijos de Dios";* la respuesta de todos puede ser la misma porque el Espíritu Santo los guía.

El apóstol Pablo les anima diciendo: "...que no haya divisiones entre vosotros, sino que estéis enteramente unidos en un mismo sentir y en un mismo parecer". Debemos vestirnos únicamente con la Palabra de Dios ya que esta es la única verdad y el único estándar verdadero de juicio.

¿Es usted el tipo de persona que insiste en estar en lo

correcto y causa disensiones y divisiones entre las personas? A este tipo de actitud, Dios lo llama 'sinagoga de Satanás' y no perdona un acto así. ¡Jamás debe haber disensiones en la iglesia!

Por medio del pueblo de Cloé, Pablo llegó a enterarse de que había divisiones en la iglesia de Corinto debido a que sus miembros iban tras sus propios pensamientos y no permanecían en la verdad, lo cual causaba divisiones entre ellos y por eso decían que unos 'eran de Pablo' y otros 'eran de Apolos'.

En la actualidad vemos con frecuencia las divisiones en las iglesias. Esto no ocurre por inspiración del Espíritu Santo sino por instigación de Satanás. Si alguien causa divisiones porque sus pensamientos no concuerdan con la Palabra de Dios, entonces se trata de una sinagoga de Satanás.

En cierta ocasión yo fui a un lugar para llevar a cabo una reunión de avivamiento. Había alrededor de cuarenta iglesias en esa área, y escuché que muchas tenían múltiples sectarismos dentro de ellas por lo que los pastores no podían permanecer por mucho tiempo sirviendo en las iglesias. Lamenté mucho escuchar algo así. Había incluso litigios entre ellos porque cada uno trataba de convertirse en líder. Este tipo de cosas proviene de Satanás.

En Mateo 16:21, Jesús le dijo a Sus discípulos que debía ir a Jerusalén, y que ahí iba a sufrir muchas cosas de parte de los ancianos, de los principales sacerdotes y de los escribas, y que moriría y resucitaría al tercer día.

Al escuchar esto, Pedro dijo que eso jamás debía ocurrirle al Señor. Él lo dijo por causa de su amor por su maestro. Pero Jesús le contestó: "¡Quítate de delante de mí, Satanás!"; la voluntad de Dios era que Él tomara los sufrimientos de la cruz para el cumplimiento de la Providencia de la salvación.

Por supuesto que Jesús no quiso decir que Pedro era Satanás, pero lo dijo porque Pedro tuvo en ese momento un pensamiento carnal. Las palabras de Pedro no provenían del Espíritu Santo sino de la obra de Satanás.

Para que podamos convertirnos en hijos amados de Dios, jamás debemos calumniar o criticar a los demás ni causar disensiones. Debemos tener un solo corazón y una sola voluntad con el Señor, con temor y amor por Dios. Además debemos amar a nuestro prójimo como a nosotros mismos y orar por ellos con lágrimas.

En el verso 12, encontramos: "Me refiero a que cada uno de vosotros dice: Yo soy de Pablo, yo de Apolos, yo de Cefas, yo de Cristo".

¿Cómo es posible que haya divisiones en la iglesia? No fueron los pastores ni los ancianos de la iglesia los que nos redimieron del pecado muriendo en la cruz. Todos y cada uno le pertenece a Jesucristo porque Jesús fue crucificado para redimir a la humanidad de sus pecados. Jamás debemos decir que pertenecemos a algún pastor, anciano o cualquier persona, sino solo al Señor Jesucristo.

Por consiguiente, tampoco debemos decir: "Tal creyente me ofendió y por eso ya no asisto a la iglesia". Asistimos a la iglesia con nuestra mirada únicamente en Jesucristo para no tropezar por causa de los hombres. Asimismo, los que se enojan lo hacen porque tienen una mente muy estrecha; los de amplio corazón no tendrán mal carácter porque podrán aceptar y abrazar a los demás. Si alguna persona está criticando y juzgando a los demás, si tiene mal carácter o causa divisiones, entonces debe examinarse a sí mismo con humildad.

Al hacerlo podrá tomar la firme decisión de abstenerse de las cosas que están en contra de la Palabra de Dios, ponga su confianza en Su Palabra y le obedecerá. De este modo podrá permanecer en el amor de Dios.

> "¿Está dividido Cristo? ¿Acaso fue Pablo crucificado por vosotros? ¿O fuisteis bautizados en el nombre de Pablo? Doy gracias a Dios que no bauticé a ninguno de vosotros, excepto a Crispo y a Gayo, para que nadie diga que fuisteis bautizados en mi nombre" (1:13-15).

Pablo dijo: "¿Está dividido Cristo?" Él lamentó mucho las divisiones en la iglesia de Corinto y se sentía agradecido de haber bautizado únicamente a un par de miembros ahí ya que algunos creyentes de esta iglesia erróneamente creían que eran salvos por medio de la persona que los había bautizado.

Pablo les enseñó la verdad, pero ellos tenían el concepto erróneo de que era él quien les otorgaba la salvación. ¡Cuán avergonzado se habrá sentido Pablo! Si hubiera bautizado más creyentes, estos le habrían servido como el Salvador. Por eso se sentía agradecido de haber bautizado solo a pocos hermanos.

Los pastores o siervos de Dios solo pueden guiar a la gente al lado de Dios al enseñarles que Jesucristo es el Salvador. Ellos jamás pueden otorgar salvación. Como está escrito en 1 Corintios 3:6, el hombre solo puede plantar y regar, pero es únicamente Dios quien da el crecimiento.

Solamente Jesucristo es el Salvador. Algunas personas hicieron la siguiente pregunta: "Pastor, ¿acaso no es incorrecto que los creyentes lo sigan a usted como a Jesús?" Entonces les respondí: "Ninguno de los miembros de mi iglesia me considera el Salvador. Ellos me siguen únicamente como un siervo del Señor a quien Dios muestra Sus obras". De hecho, me sentí muy avergonzado de que me hicieran esta pregunta, en primer lugar, por lo que puedo entender cómo se habrá sentido Pablo al escribir estos versos.

En la actualidad hay personas que proclaman ser el 'Salvador' o el 'Olivo', y hay también quienes los siguen. ¡Es una lástima!

Si yo dijere: "¡Yo soy Dios. Síganme!", ningún miembro de mi iglesia lo creería porque están todos bien equipados con la verdad de Dios.

Amar a un siervo de Dios que es amado por Él es amar a la iglesia, y amar a la iglesia es amar a Dios. Debido a que amamos a Dios, amamos a Su siervo que nos conduce a la salvación. Si decimos que amamos a Dios sin amar al pastor a quien vemos, entonces estamos mintiendo.

Todos anhelan que sus padres sean personas respetables y las mejores personas que pudieran llegar a ser. Si los niños no confían en sus padres, lo más probable es que se desvíen por el mal camino. Si no confiamos en el pastor quien nos guía, nos será difícil dedicarnos a la iglesia.

De este modo, nos distanciaremos naturalmente de la iglesia y dejaremos de amar a Dios. Algo muy lamentable es que el pastor de una iglesia no pueda ser respetado.

"También bauticé a los de la casa de Estéfanas; por lo demás, no sé si bauticé a algún otro" (1:16).

Pablo dijo que en Corinto había bautizado únicamente a Crispo y a Gayo; ahora dice que también había bautizado a los de la casa de Estéfanas a quienes bautizó en Acaya durante un viaje misionero.

En 1 Corintios 16:15-18, leemos: *"Os exhorto, hermanos (ya conocéis a los de la casa de Estéfanas, que fueron los primeros convertidos de Acaya, y que se han dedicado al servicio de los santos), que también vosotros estéis en sujeción a los que son como ellos, y a todo el que ayuda en la obra y trabaja. Y me regocijo por la venida de Estéfanas, de Fortunato y de Acaico, pues ellos han suplido lo que faltaba de vuestra parte. Porque ellos han recreado mi espíritu y el vuestro. Por tanto, reconoced a tales personas".*

Estéfanas era una persona muy fiel que se dedicaba al ministerio de los santos; el apóstol Pablo fue quien lo bautizó. Entonces Pablo animó a los demás a reconocer a este hombre y a obedecer no solo a hombres que se dedicaban a servir a los creyentes sino también a todo aquel que ayudaba en la obra y que trabajaba.

En este mundo, la gente obedece a aquellos que están en posiciones superiores o con mayor autoridad. Sin embargo, los cristianos no deben fijarse en la condición social, la autoridad o las riquezas, sino que deben considerar como algo noble la obediencia a aquellos que son fieles en el Señor; pues la condición social, la autoridad o las riquezas, no se consideran como algo importante ante el Señor.

Debemos pensar cuán obedientes somos a aquellos hombres de fe que dedican sus vidas al ministerio. Debemos examinar si hemos hablado de ellos sin cuidado o si los hemos juzgado. El apóstol Pablo animó a la gente de Corinto a reconocer a aquellos que son fieles en el Señor y a permitir que los demás supieran cuánto los respetaban a ellos y al trabajo que hacían.

En el verso 16 el apóstol Pablo dijo: "También bauticé

a los de la casa de Estéfanas; por lo demás, no sé si bauticé a algún otro". Él hizo este comentario debido a que su memoria no estaba muy clara después de tanto tiempo en los viajes misioneros.

Entonces, ¿bautizó el apóstol Pablo únicamente a estas tres personas? En Hechos 16:33, cuando el apóstol Pablo y Silas estaban en prisión, el carcelero y su familia aceptaron al Señor y fueron bautizados por Pablo. Se trata simplemente de un momento de falta de lucidez en la memoria de Pablo.

> **"Pues Cristo no me envió a bautizar, sino a predicar el evangelio, no con palabras elocuentes, para que no se haga vana la cruz de Cristo" (1:17).**

Dios no designa a Sus siervos y permite que se paren detrás del púlpito para que se enfoquen en el bautismo, sino más bien para que prediquen el mensaje de la cruz y el evangelio, de modo que la gente reciba la salvación.

Cada persona tiene niveles distintos en el uso de las palabras; algunos tienen un conocimiento extenso, mientras que otros tienen buenas habilidades de oratoria para hablar en público. Es por esto que pueden predicar con palabras de conocimiento, o pueden impartir algunos pensamientos filosóficos profundos. No obstante, el apóstol Pablo no predicó el evangelio con conocimiento de este mundo o con palabras elocuentes.

Algunos dicen que no pueden compartir el evangelio porque

no tienen sabiduría de palabras. Aunque el predicador no tenga buenas habilidades para hablar, la obra del Espíritu Santo tomará lugar cuando predique acerca de quién es Dios, quién es Jesucristo, el camino hacia la cruz, la resurrección, la Segunda Venida del Señor y acerca del Cielo o el Infierno.

Con el paso del tiempo, la gente adquiere más conocimiento y educación, pero no vive una vida moralmente mejor sino que, al contrario, se mancha con el pecado con mayor rapidez. No podemos cambiar el corazón del hombre o plantar fe en él con palabras elocuentes o el conocimiento del mundo,

por eso el verso 17 dice: "...no con palabras elocuentes, para que no se haga vana la cruz de Cristo". Predicar el evangelio con el conocimiento del mundo o palabras elocuentes es no estar en acuerdo con la voluntad de Dios, y de este modo, el Espíritu Santo no puede obrar.

Dios es espíritu, y Su Palabra es también la palabra de la cuarta dimensión, que es una dimensión espiritual. En 1 Corintios 2:13 leemos: *"...de lo cual también hablamos, no con palabras enseñadas por sabiduría humana, sino con las enseñadas por el Espíritu, combinando pensamientos espirituales con palabras espirituales"*. No podemos comprender la Palabra de Dios sin la ayuda del Espíritu Santo.

Éxodo 12:8-9 (RVR1960) habla acerca de cómo comer un cordero. Dice: *"Y aquella noche comerán la carne asada al fuego, y panes sin levadura; con hierbas amargas lo comerán. Ninguna cosa comeréis de él cruda, ni cocida en agua, sino asada al fuego; su cabeza con sus pies y sus entrañas".*

En Éxodo, el 'cordero' se refiere espiritualmente a Jesucristo. Juan 1:29 dice: *"He aquí el Cordero de Dios, que quita el pecado del mundo".* A menos que comamos la carne y bebamos la sangre del Hijo del Hombre, no tendremos vida ni obtendremos la vida eterna (Juan 6:53). Por consiguiente, debemos comer la carne del Hijo del Hombre, que es el cuerpo del Señor, quien es el Cordero.

¿Cómo podemos comer el Cordero? Las instrucciones nos dicen que no debemos comerlo crudo ni hervido, sino asado al fuego, y que debemos incluir su cabeza, pies y entrañas. Esto significa que debemos entender las Palabras de los sesenta y seis libros de la Biblia por medio de la inspiración del Espíritu Santo. Comer el Cordero crudo o hervido en agua simboliza el entendimiento literal de la Palabra de Dios y el acto de mezclarla con el conocimiento del mundo, como son las filosofías.

Debemos comprender que no podremos cambiar el corazón del hombre o plantar fe en él solamente con palabras elocuentes. Debemos predicar el evangelio únicamente siguiendo la inspiración del Espíritu Santo.

Cristo es la sabiduría y el poder de Dios

"Porque la palabra de la cruz es necedad para los que se pierden, pero para nosotros los salvos es poder de Dios" (1:18).

Para aquellos que se están perdiendo, es decir, para los que no creen en Jesucristo, la palabra de la cruz es necedad.

Algunos no creyentes consideran como necios a los creyentes; otros creen únicamente en sí mismos y se preguntan cómo se puede creer en Dios si no se lo puede ver. Esto se debe a que el mensaje de la cruz les parece algo necio, pero para los creyentes que están recibiendo salvación, este es poder de Dios.

Juan 11:25-26 dice: *"Jesús le dijo: Yo soy la resurrección y la vida; el que cree en mí, aunque muera, vivirá, y todo el que vive y cree en mí, no morirá jamás. ¿Crees esto?"*

Como está escrito, aquellos hijos de Dios que han aceptado a Jesucristo jamás morirán. Sus cuerpos físicos morirán y regresarán al polvo, pero el espíritu será salvo y vivirá por siempre en el reino de los Cielos. Es por eso que la Biblia dice, cuando los creyentes mueren, estos 'duermen', no están 'muertos'.

En Hechos 7:59-60 dice: *"Y mientras apedreaban a Esteban, él invocaba al Señor y decía: Señor Jesús, recibe mi espíritu. Y cayendo de rodillas, clamó en alta voz: Señor, no les tomes en cuenta este pecado. Habiendo dicho esto, durmió"*. Los que mueren después de aceptar al Señor resucitarán al igual que el Señor, por eso la Biblia dice que 'duermen'.

El hecho de resurgir de la muerte a la resurrección y la vida eterna es algo que el conocimiento humano no puede entender o siquiera imaginar. Esto ocurre únicamente por medio del poder de Dios.

Entonces, ¿qué es el poder de Dios?

Juan 8:44 dice: *"Sois de vuestro padre el diablo y queréis hacer los deseos de vuestro padre"*. Esto no significa que nuestro padre físico es el diablo sino que aquellos que no pertenecen a Dios pertenecen al diablo, el gobernante de este mundo.

Todos nosotros pertenecíamos al diablo antes de que Jesucristo tomara la cruz en nuestro lugar de pecadores. Por medio del camino de la cruz, Dios se ha convertido en nuestro Padre, y esto es el poder de Dios.

En 1 Juan 3:10 leemos: *"En esto se reconocen los hijos*

de Dios y los hijos del diablo: todo aquel que no practica la justicia, no es de Dios; tampoco aquel que no ama a su hermano".

Este verso dice que aquellos que no aman a su hermano, no pertenecen a Dios; si no pertenecen a Dios, entonces deben pertenecer al diablo. En cierto momento, todos nosotros pertenecíamos al diablo; ninguno en realidad amaba a su hermano ni vivía con rectitud. Llegamos a amar a nuestros hermanos y vivir en rectitud solo después de escuchar acerca del camino de la cruz, de aceptar a Jesucristo y de llegar a vivir en la Palabra de Dios.

De esta manera, aquellos que una vez pertenecieron al diablo, llegan a pertenecer a Dios, y esto es el poder de Dios. Antes no teníamos otra opción aparte de vivir en pecado, pero a partir del momento en que aceptamos a Jesucristo, el Espíritu Santo viene a nosotros y hace posible que nos abstengamos de toda forma de injusticia y que vivamos en la rectitud de Dios, y esto es el poder de Dios.

Cuando estábamos en el mundo, sin creer en Dios, no nos era fácil dejar de hacer cosas como fumar o beber. Las 'decisiones firmes' que tomamos, a veces no duran ni tres días. Yo también intenté dejar de fumar. Me despojaba de todos los cigarros que tenía, pero después de un par de días, los recogía y fumaba nuevamente.

No obstante, una vez que acepté al Señor, fue muy fácil dejar de fumar y beber. Pude dejar ambas cosas inmediatamente porque estaba lleno del Espíritu Santo gracias a la oración. El poder de Dios transforma a la gente y permite que se abstengan de la falsedad y que vivan en rectitud con la ayuda del Espíritu Santo.

"Porque está escrito: destruire la sabiduria de los sabios, y el entendimiento de los inteligentes desechare" (1:19).

En este mundo hay grupos de personas que proclaman ser sabias e intelectualmente superiores. Afirman estar muy adelantadas en sus sistemas educativos, en los avances en las ciencias médicas y científicas, en el desarrollo tecnológico e incluso en aspectos de su cultura. Sin embargo, ante Dios y los creyentes, esto no es así.

En Eclesiastés 1:2 leemos: *"Vanidad de vanidades, dice el Predicador, vanidad de vanidades, todo es vanidad"*. El conocimiento, la fama, el poder social y las riquezas perecen y desaparecen. Todos los hombres están destinados a morir. No podemos recibir salvación e ir al reino celestial gracias a nuestras riquezas, sabiduría e intelecto. El líder de un país puede poseer y disfrutar de muchas cosas, pero, al final él también caerá en el Infierno si no posee fe. Por tanto, ¿de qué sirven estas riquezas, la sabiduría y las habilidades intelectuales?

Por consiguiente, Dios dice que Él destruirá la sabiduría de los sabios y desechará el entendimiento de los inteligentes. Aun estas cosas perecerán al final, por lo cual no tienen sentido. De hecho, ante los ojos de Dios, no son nada más que vanidad.

Sin embargo, tener fama, poder social y riquezas en Jesucristo sí tiene sentido ya que podemos glorificar a Dios al ofrecer estas cualidades para la extensión del reino y la justicia de Dios. Esta será nuestra recompensa en el Cielo, y por ende, es una bendición.

Los que no tienen fe no conocen acerca del Dios Creador quien los formó; simplemente consideran su conocimiento, riquezas y sabiduría como lo más valioso y van por el camino de la destrucción. Por esto, ante los ojos de Dios, no son nada más que vanidad.

En Isaías 29:14 leemos: *"por tanto, he aquí, volveré a hacer maravillas con este pueblo, prodigiosas maravillas; y perecerá la sabiduría de sus sabios, y se eclipsará el entendimiento de sus entendidos"*.

Esta Palabra se cumplió por medio de Jesucristo. En Mateo 11:25-26 dice: *"En aquel tiempo, hablando Jesús, dijo: Te alabo, Padre, Señor del cielo y de la tierra, porque ocultaste estas cosas a sabios e inteligentes, y las revelaste a los niños. Sí, Padre, porque así fue de tu agrado"*.

Los que piensan que son sabios, no pueden aceptar a Jesucristo y recibir salvación, pero los que son humildes como niños creerán en Jesucristo y recibirán salvación. Por consiguiente, la verdad es que, aquellos que afirman ser sabios en realidad son necios y su discernimiento está oscurecido.

Los que se consideraban sabios, no aceptaban a Jesús; su

sabiduría y conocimiento oscurecía su discernimiento de la verdad y eran necios. Es por eso que los escribas y maestros de la ley que pensaban que conocían la Palabra de Dios muy bien, crucificaron al Mesías. Ellos tomaron el camino de destrucción, lo que significa que no tenían sabiduría ni entendimiento.

¿Debemos entonces renunciar a todo tipo de conocimiento y sabiduría? No estoy diciendo que el conocimiento y la sabiduría que adquieren las personas son algo malo. No obstante, debemos tener la capacidad de usar estas cualidades para Dios. Todo lo que hacemos bajo el sol es vanidad, por eso, lo primero que debemos obtener es el conocimiento y la sabiduría de conocer a Dios.

"¿Dónde está el sabio? ¿Dónde el escriba? ¿Dónde el polemista de este siglo? ¿No ha hecho Dios que la sabiduría de este mundo sea necedad?" (1:20)

El temor de Dios es el principio del conocimiento y la sabiduría (Proverbios 1:7, 9:10). Ante los ojos de Dios, el estándar para distinguir si tenemos o no sabiduría es si tenemos o no temor de Dios.

Podemos obtener vida eterna únicamente cuando recibimos sabiduría y conocimiento que proviene de Dios desde lo alto. Dios enfatiza este punto; si vamos por el camino de la destrucción por causa del conocimiento de este mundo, ¡cuán necio es tener el conocimiento del mundo! Por ende, solo la Palabra de la verdad en el reverente temor de Dios puede ser el único estándar de juicio. Los que son necios desprecian Su sabiduría y enseñanzas, y no aceptan la Palabra de Dios.

Verdaderos escribas son aquellos que comprenden la Palabra de la verdad y hacen de ella su alimento espiritual. Aún los discursos elocuentes son insignificantes, a menos que tengan vida en ellos. Podemos ser excelentes polemistas únicamente si estamos equipados con la Palabra de Dios y ofrecemos discursos con ella. Dios pregunta a aquellos que van por el camino de la destrucción: ¿Dónde está su sabiduría y conocimiento? ¿Dónde están sus escribas y polemistas? Luego afirma: "Aunque se jacten de su conocimiento y sabiduría, no podrán ser salvos ni experimentarán el poder de Dios". Y concluye diciendo: "¿No ha hecho Dios que la sabiduría de este mundo sea necedad?"

> **"Porque ya que en la sabiduría de Dios el mundo no conoció a Dios por medio de su propia sabiduría, agradó a Dios, mediante la necedad de la predicación, salvar a los que creen" (1:21).**

El hombre considera que tiene sabiduría, pero con ella únicamente, no puede llegar a conocer a Dios, por lo que Él permite que muchos lleguen a alcanzar la salvación mediante la predicación.

La sabiduría de Dios es infinita, pero el conocimiento y la sabiduría de este mundo nos impiden creer en el poder de

Dios, por lo cual se convierten en necedad ante Sus ojos. No podremos comprender a Dios el Creador con la sabiduría y conocimiento del hombre, y por eso Dios se agradó en salvar a los que llegan a creer por medio de la necedad del mensaje predicado.

En Juan 20:29 leemos: *"Dichosos los que no vieron, y sin embargo creyeron"*. Por lo general la gente llega a creer en Dios primero al escuchar Su Palabra predicada. *"Es, pues, la fe la certeza de lo que se espera, la convicción de lo que no se ve"* (Hebreos 11:1). Esta puede crear algo de la nada.

Dios se complace con salvar al hombre por medio de la fe en sí porque Él puede obtener hijos verdaderos que lo aman con sinceridad de corazón.

Las personas arrogantes y obstinadas dicen tener sabiduría, pero Dios busca personas de corazón bueno y puro, semejante al de un niño, que acepten el evangelio. De este modo, Él se complace con la necedad del mensaje predicado para salvar a los que creen.

"Porque en verdad los judíos piden señales y los griegos buscan sabiduría" (1:22).

En este caso, el término 'judíos' implica dos significados.

El primero se refiere a los hipócritas en medio de los israelitas quienes afirmaban conocer a Dios pero a la vez pedían señales de evidencia.

En el tiempo de Jesús, los judíos no reconocían a su Salvador ni siquiera al verlo parado frente a sus ojos, lo que se debía a que ellos buscaban señales. Querían que el Mesías apareciera de una manera gloriosa y magnífica; esperaban que el Mesías los liberara del imperio romano y que gobernara para ellos.

No obstante, el Mesías verdadero que les estaba predicando el evangelio no tenía un aspecto solemne en absoluto. Él nació en un establo y jamás vestía ropas pomposas; ni siquiera tenía un lugar donde reposar y dormía en el desierto o en las montañas y no podía alimentarse bien. Él se veía totalmente como una persona sin importancia. Los hipócritas que buscaban señales únicamente están tras las cosas que sus ojos pueden ver, y no lograron reconocer al Mesías.

El hecho de que Jesús naciera en un establo, tiene un significado espiritual. En Eclesiastés 3:18 leemos: *"Dije además en mi corazón en cuanto a los hijos de los hombres: Ciertamente Dios los ha probado para que vean que son sólo animales"*. Jesús nació en un establo en el que viven los animales para poder redimir al hombre que no es distinto a los animales y rescatarlo para que tenga la imagen original creada por Dios.

Sin embargo, los hipócritas que buscaban señales no podían entender esta promesa tan profunda ni podían ver las cosas espirituales, sino que únicamente trataban de encontrar al Mesías en sus propios pensamientos, siguiendo los deseos de la carne, los deseos de los ojos y la vanagloria de la vida. Al final ni siquiera pudieron reconocer al Mesías que estaba frente a sus ojos.

El segundo significado espiritual del término 'judíos' se relaciona con los 'creyentes'. Los judíos a los que Pablo está aconsejando no son estos que en lo espiritual representan los creyentes, sino los que eran hipócritas.

Leemos que 'los judíos buscaban señales'. ¿Qué dice la Palabra de Dios respecto a ver y creer? Juan 20:29 dice: *"Jesús le dijo: ¿Porque me has visto has creído? Dichosos los que no vieron, y sin embargo creyeron"*. Bendecidos son aquellos que creen en Dios y aceptan a Jesucristo y el reino de los cielos con solo escuchar la Palabra de Dios y sin buscar señales que confirmen sus creencias.

Algunos dicen que 'creerán solamente cuando lo vean con sus propios ojos'. No obstante, cuando ven en realidad la manifestación de las obras de Dios, ¿creen en verdad? La mayoría de las personas que dicen esto no creerán ni aceptarán a Dios, ni siquiera al ver la evidencia del Dios vivo por medio de Sus señales y prodigios. Posiblemente crean en ese momento, pero tarde o temprano van a renunciar a su fe. Por el contrario, aquellos que pueden creer sin ver, no tienen un corazón tan inestable, y de este modo, son realmente bendecidos.

Pablo dice que 'los judíos piden señales y los griegos buscan sabiduría'. ¿Por qué los griegos buscan sabiduría? Los griegos estaban bien informados y eran muy cultos. La filosofía griega había avanzado bastante temprano en su historia y la gente poseía sabiduría; ellos estudiaban para desarrollar y adelantar su conocimiento y cultura y para vivir vidas más felices.

Ya que Grecia poseía aquella sabiduría y conocimiento, Pablo mencionó a los griegos al hablar de la sabiduría. "Los griegos buscan la sabiduría" significa que aquellos que tienen sabiduría y conocimiento continuarán aprendiendo y buscando más sabiduría.

> "...pero nosotros predicamos a Cristo crucificado, piedra de tropiezo para los judíos, y necedad para los gentiles" (1:23).

No son los 'judíos' ni los 'griegos' los que testifican de la cruz de Jesucristo, sino los verdaderos hijos de Dios. Estos no hablan acerca de cómo ganar más dinero, más fama o cómo disfrutar poder social, sino que se enfocan en cómo recibir salvación y la cruz de Cristo.

A los judíos, hipócritas en sus creencias, no les gustaba esto porque el tipo de Mesías que ellos deseaban no era Aquel que fue crucificado.

Aun en la actualidad, cuando testificamos acerca de Jesucristo, algunas personas dicen que creerán solo si pueden verlo y tocarlo. Con un corazón endurecido, piden señales y dicen que no pueden creer, a menos que puedan ver. Estas personas acumulan pecado tras pecado; si les predicamos a Jesucristo y les decimos que se arrepientan, nuestras palabras se convierten en piedra de tropiezo para ellas.

Sin embargo, en un rincón de su corazón, no pueden negar que Dios existe. pues aún queda algo de buena consciencia en el fondo de su corazón por lo que se vuelven temerosos cuando escuchan acerca del Cielo y el Infierno. Después de esto, deberían arrepentirse y buscar a Dios, pero simplemente no desean escuchar este tipo de cosas e intentan rechazar sus temores.

Asimismo, el pasaje en el verso 23 dice que la predicación de Cristo crucificado es necedad a los gentiles. Al hablar de 'gentiles' se refiere a todos los no creyentes, sean estos judíos o griegos. Para todos aquellos que no creen, el mensaje de Cristo crucificado les es necedad.

Mientras predicamos el evangelio, por ejemplo, si decimos: "Dios está vivo. Las enfermedades incurables han sido sanadas en la iglesia gracias a la oración", entonces muchas personas consideran como necios a los predicadores, pensando que tales obras no pueden ocurrir y que deben ser algún tipo de coincidencia. Esto se debe a que no lo comprenden con su sabiduría y conocimiento.

Únicamente con la sabiduría y el conocimiento del mundo no podemos creer en la creación de la nada, pero Dios ciertamente creó las cosas de la nada. Cuando Él dijo: "Que sea la luz", llegó a existir la luz. Él creó el sol, la luna, las estrellas y todas las cosas en el universo con Su Palabra (Génesis 1:3-31). Asimismo, Él dice: "Todo es posible para el que cree", y podemos ver Sus obras de acuerdo a nuestra fe.

En mi iglesia podemos ver que muchos tipos distintos de enfermedades incurables son sanadas cuando se recibe la oración con fe. No es algo que ha ocurrido simplemente un par de veces, sino que los miembros de la iglesia experimentan estas obras siempre.

Algunas personas que se consideran sabias, dicen lo siguiente al respecto: "Esas enfermedades quizás fueron sanadas por una cuestión de voluntad y del poder de la mente, junto a la certeza de que podían sanar". Sin embargo, aún los bebés de dos y tres años reciben sanidad por medio de la oración. ¿Qué tipo de conocimiento tienen ellos respecto a ser sanados a través del poder de la mente? Con el conocimiento o la sabiduría del hombre, no podemos conocer a Dios ni tampoco tomar el camino de la vida eterna.

Algunos no creyentes quizás persigan a los creyentes diciendo: "¿Acaso la iglesia te alimenta, o qué?" ¡Claro que sí! La iglesia los alimenta. La iglesia proporciona el alimento espiritual que es la Palabra de Dios; esta es viva y nos conduce a la vida eterna, y por ende, esta Palabra es el verdadero alimento que jamás perece.

No obstante, la gente del mundo simplemente observa las cosas visibles y carnales de este mundo y tienen aquellas dudas, pero los hijos de Dios pueden testificar del Señor con valentía porque saben cuál es la verdad.

"...mas para los llamados, tanto judíos como griegos, Cristo es poder de Dios y sabiduría de Dios" (1:24).

Cristo es el poder de Dios para aquellos hijos que creen en Él, sean estos judíos o griegos.

Aún entre los judíos hipócritas, hubo algunos que creyeron en Jesucristo y recibieron salvación, y hubo también algunos griegos que conocieron a Dios mientras buscaban conocimiento y sabiduría. No todos los que tienen conocimiento niegan a Dios. Algunos buscan a Dios y lo encuentran por causa del conocimiento que adquieren.

Nosotros no conocíamos nada acerca de la resurrección o la vida eterna y simplemente pensábamos que nuestra existencia en este mundo lo era todo. Pero desde que llegamos a conocer a Jesucristo y lo aceptamos, podemos creer en Dios quien revive a los muertos, y podemos creer que el Cielo y el Infierno en realidad existen.

Cuando aceptamos a Jesucristo, nuestro espíritu muerto revive y podemos ir por el camino de la vida eterna. Tal como lo dijo Jesús, Él es el camino, la verdad y la vida; Él es el Cristo que nos da vida y se convierte en el camino al reino de los cielos, y por ende, Él es el poder de Dios.

El pasaje dice también que el Cristo no es solo el poder de Dios sino también Su sabiduría. Debido a que Él nos salva, permite que lleguemos a ser perfectos y nos da la vida eterna; Él es sabiduría.

¿Quién en este mundo puede darnos salvación y cambiar nuestras vidas? ¿Quién puede transformar el corazón del hombre perverso en un buen corazón? Esto ocurre únicamente gracias al poder de Dios. Es por eso que el verso 24 dice que

Cristo es 'el poder y sabiduría de Dios' para judíos y griegos.

"Porque la necedad de Dios es más sabia que los hombres, y la debilidad de Dios es más fuerte que los hombres" (1:25).

La necedad de Dios es algo que parece necio a los ojos de los no creyentes. De hecho, no hay necedad en Dios.

Jesús nos dijo que demos la otra mejilla cuando alguien nos golpee en una de ellas. En este mundo, si una persona es golpeada sin razón, piensa que tiene derecho a devolver el golpe. La gente del mundo incluso tiende a pensar que no hacerlo es un acto de cobardía. Jesús nos dice que demos nuestra túnica cuando alguien nos quite la capa, ¡lo que es semejante a entregar la ropa interior si alguien nos pide la camisa y los pantalones! ¿Significa esto, entonces, que debemos andar desnudos?

Ante el sistema de valores y la opinión del mundo, la Palabra de Dios parece necedad. Sin embargo, esta Palabra nos produce amor y paz, y es el camino hacia la victoria. Podemos incluso amar a nuestros enemigos y estos se conmoverán cuando actuemos de acuerdo a la Palabra de Dios (1 Samuel 24:16-21). Esta es la manera de obtener amor, paz y victoria.

El verso dice además que "la debilidad de Dios es más fuerte que los hombres". ¿Tiene Dios alguna debilidad? Para los creyentes, Dios no tiene debilidad en absoluto. Por el contrario, ante los no creyentes, Dios quizás parezca ser débil.

Esto se debe a que la verdad nos dice que aprendamos a ceder, dar, soportar e incluso dar un paso atrás en un intento de tener paz, y esto puede parecer un acto de cobardía ante los ojos del mundo. Las personas del mundo intentan tomar más y hacer alarde de sí mismas para hacerse notar más, pero la instrucción de la Palabra de Dios es todo lo contrario.

Jesús también fue débil; Él no discutió ni gritó sino que fue más bien tranquilo y manso, por lo que, a los ojos de la gente del mundo, Él fue considerado débil. Mateo 12:19-20 describe muy bien el carácter de Jesús. Dice: *"No contenderá, ni gritará, ni habrá quien en las calles oiga su voz. No quebrará la caña cascada, ni apagará la mecha que humea, hasta que lleve a la victoria la justicia"*.

Ya que Jesús se hizo débil según la descripción anterior, finalmente venció la autoridad de la muerte y resucitó para poder cumplir la voluntad de Dios. Es por esto que el pasaje dice que 'la debilidad es poder'.

Gloriarse en el Señor

"Pues considerad, hermanos, vuestro llamamiento; no hubo muchos sabios conforme a la carne, ni muchos poderosos, ni muchos nobles" (1:26).

Este verso nos dice cómo nos llama Dios.

'Conforme a la carne' hace referencia a los no creyentes. Los que no creen en Dios hacen alarde de sí mismos diciendo que tienen fama, dinero, sabiduría, conocimiento, buena educación, buena familia, buena habilidad para hablar, y así por el estilo; todas estas cosas son necedad para Dios.

¿De qué sirve jactarse de la educación, sabiduría, antecedentes familiares o dinero mientras se está caminando a la muerte y se desconoce a Dios? Esto es necedad porque, al final, todas estas cosas perecerán.

"...sino que Dios ha escogido lo necio del mundo, para avergonzar a los sabios; y Dios ha escogido lo débil del mundo, para avergonzar a lo que es fuerte; y lo vil y despreciado del mundo ha escogido Dios; lo que no es, para anular lo que es; para que nadie se jacte delante de Dios" (1:27-29).

Al hablar de 'los sabios' se refiere a aquellos que se llaman a sí mismos 'sabios', pero que no lo son ante los ojos de Dios. En Proverbios 1:7 y 9:10 encontramos que el temor del Señor es el principio de la sabiduría. Los versos nos dicen que Dios escoge lo necio del mundo para avergonzar a lo sabio.

Los hijos de Dios que han aceptado a Jesucristo reciben salvación y disfrutan de una vida eterna y feliz en el reino de los cielos. Por el contrario, los que no conocen ni buscan a Dios y piensan que son sabios, eventualmente caerán en el Infierno y serán avergonzados.

En Lucas 16 leemos acerca del hombre rico y Lázaro, el mendigo. Había cierto hombre rico que se vestía de púrpura y lino fino; celebraba cada día fiestas con esplendidez. Un pobre llamado Lázaro yacía a su puerta; estaba cubierto de llagas y ansiaba saciarse de las migajas que caían de la mesa del rico. Además, hasta los perros venían y le lamían las llagas.

Y sucedió que murió el pobre y fue llevado por los ángeles al seno de Abraham; y murió también el rico y fue sepultado. En el Hades alzó sus ojos, estando en tormentos, y vio a Abraham a lo lejos, y a Lázaro en su seno. Y gritando, dijo: "Padre Abraham, ten misericordia de mí, y envía a Lázaro para que moje la punta de su dedo en agua y refresque mi lengua, pues estoy en agonía en esta llama". Lamentablemente, no podía recibir ayuda.

El hombre rico amaba al mundo y los placeres carnales, pero no amaba a Dios. Después de su muerte, él fue al Hades y permaneció soportando dolor, mientras que Lázaro, el hombre pobre, temía a Dios a pesar de su pobreza y recibió salvación y fue al seno de Abraham.

El hombre rico pensó que era sabio mientras vivía en este mundo, pero después de su muerte, Lázaro, el mendigo que parecía necio en este mundo, disfrutó de felicidad. El hombre rico tuvo que sufrir en las llamas, no solo por uno o dos días, sino por siempre. ¡Cuán vergonzoso era esto para él! Debemos sentirnos agradecidos con Dios porque nos ha escogido y podemos convertirnos en Sus hijos.

El verso 27 dice: "...sino que Dios ha escogido lo necio del mundo, para avergonzar a los sabios; y Dios ha escogido lo débil del mundo, para avergonzar a lo que es fuerte". Si Dios lo llama y lo escoge, considérese ciertamente muy bendecido. Es un gran honor ser reconocido por Dios y llegar a ser un diácono, diaconisa o un anciano y recibir responsabilidades en la iglesia, más que ser reconocido por los líderes de los países y naciones.

¿Por qué escoge Dios lo necio y no lo sabio? Jesús dijo: *"En verdad os digo que si no os convertís y os hacéis como niños, no entraréis en el reino de los cielos"* (Mateo 18:3).

Los niños espirituales son sencillos, puros y humildes; simplemente aceptan la Palabra de verdad como niños, la creen y la obedecen, por lo que pueden ser transformados y alcanzar el reino de los cielos.

Por otro lado, los que piensan que son sabios en este mundo, considerarán como necios a los que tienen corazón igual que el de un niño. Sin embargo, Dios escoge y usa a aquellos que tienen un corazón sencillo y bueno, y escoge a los que son pobres de corazón.

Nuestro siguiente verso dice: "...y lo vil y despreciado del mundo ha escogido Dios; lo que no es, para anular lo que es". Jesús es el Hijo de Dios; sin embargo, ante los estándares del mundo, Él era muy débil. Si alguien lo golpeaba en la mejilla derecha, Él le daba también la izquierda; ni siquiera rompía una caña cascada. ¡Cuán débil parecía ser Él!

Este 'débil' Jesús fue crucificado, y este 'débil' Jesús resucitó y ascendió a los Cielos para convertirse en el Rey de reyes y Señor de señores. Por el contrario, los que eran fuertes y perseguían a Jesús fueron por el camino de la destrucción, y así, Dios avergonzó a los fuertes con los débiles.

En el verso 28 leemos: "y lo vil y despreciado del mundo ha escogido Dios; lo que no es, para anular lo que es". Pedro, uno de los discípulos de Jesús, fue un pescador. Esta no era una ocupación que se respetaba mucho, pero Dios escogió a estas personas para anular y avergonzar aquellos que se levantaban entre los hombres.

Hechos 4:13-14 nos habla más acerca de la condición de los discípulos. Dice: *"Al ver la confianza de Pedro y de Juan, y dándose cuenta de que eran hombres sin letras y sin preparación, se maravillaban, y reconocían que ellos habían estado con Jesús. Y viendo junto a ellos de pie al hombre que había sido sanado, no tenían nada que decir en contra"*.

La gente pensaba que eran personas sin educación y necias, pero cuando aceptaron a Jesucristo, recibieron el Espíritu Santo y cambiaron por completo, al punto que la gente se maravillaba. En Hechos 2:43-44 leemos: *"Sobrevino temor a toda persona; y muchos prodigios y señales eran hechas por los apóstoles. Todos los que habían creído estaban juntos y tenían todas las cosas en común"*.

Los discípulos del Señor fueron llamados de entre los pescadores y una minoría que era despreciada en este mundo. Jesús escogió a estas personas y las usó, y la gente del mundo llegó a sentir temor de ellas. En lo externo negaban las poderosas señales y prodigios manifestados por los discípulos, pero en su interior todavía había una buena consciencia en sus corazones. Por tanto, cuando veían que se manifestaban las cosas que ellos no podían hacer, sentían temor.

El verso 29 dice lo siguiente: "...para que nadie se jacte delante de Dios". Si Dios llama y usa a aquellos que tienen mucha sabiduría, salud, educación o dinero en este mundo, ¿tendrán temor reverente de Dios?

Este tipo de personas dicen que son exitosas en este mundo

por su buena educación e inteligencia, no porque Dios las ha bendecido. Además, si estas personas pastorean una iglesia y son exitosas, es probable que piensen que se debe a su sabiduría y buena educación. Pensarán que son excelentes y capaces en lo que hacen, y no le darán la gloria a Dios.

Esta es la razón por la que Dios escoge a los necios, débiles y despreciados, para que nadie se jacte ni exalte a sí mismo. Nosotros conocemos la verdad y debemos confiar en Dios y reconocer Su dirección en todas las cosas. Debemos poder profesar en todo que 'es únicamente en Él que todas las cosas se hacen posibles'.

"Mas por obra suya estáis vosotros en Cristo Jesús, el cual se hizo para nosotros sabiduría de Dios, y justificación, y santificación, y redención" (1:30).

Todos los hombres y todas las cosas en el universo provienen de Dios quien estableció a Adán como mayordomo de todas las criaturas. No obstante, Adán fue maldecido por causa de su pecado, al igual que todas las cosas sobre las cuales él tenía autoridad. Toda autoridad que él tenía, pasó a manos del diablo.

Es por eso que Lucas 4:5-6 dice: *"Llevándole a una altura, el diablo le mostró en un instante todos los reinos del mundo. Y el diablo le dijo: Todo este dominio y su gloria te daré; pues a mí me ha sido entregado, y a quien quiero se lo doy"*.

El mundo bajo maldición no se veía bien como lo que fue

al inicio de la creación de Dios. Él envió a Su Hijo unigénito, Jesús, a este mundo para salvar a la humanidad que estaba bajo maldición de las manos del enemigo diablo.

Dios nos ha mostrado este grande amor; el inmolado Jesús murió en la cruz, tomando así todos los pecados del hombre para que todo aquel que en Él crea, pueda recibir vida eterna y convertirse en hijo de Dios. Al llegar a ser nuevamente hijos de Dios, pertenecemos a Dios y moramos en Jesucristo.

A qué se refiere cuando dice: "...en Cristo Jesús, el cual se hizo para nosotros sabiduría de Dios, y justificación, y santificación, y redención".

Temer a Dios, es sabiduría. La sabiduría de Dios nos salva, nos guía para abstenernos del pecado, permite que vivamos en la verdad y nos dirige al eterno reino de los cielos.

Junto a esta sabiduría, Jesucristo nos dio justificación, santificación y redención. En este caso, la justificación es la bondad, y esta bondad es la Palabra de Dios. Cuando aceptamos a Jesucristo, empezamos a vivir en bondad y justificación en base a la Palabra.

Este fruto de justificación se observa en la santificación. Cuando tomamos la Palabra en nuestro corazón como alimento espiritual, esta se demuestra en acciones, por lo que 1 Juan 3:18 dice: *"Hijos, no amemos de palabra ni de lengua, sino de hecho y en verdad"*.

Nos unificamos en el Señor como uno y somos redimidos en Él que es el camino, la verdad y la vida. No debemos estar atados al mundo, sino redimidos por Jesucristo.

"...para que, tal como está escrito: el que se gloria, que se glorie en el señor" (1:31).

¿Por qué escoge Dios lo necio, débil y despreciado de este mundo para hacer Su obra? Para que "el que se gloría, que se gloríe en el Señor". ¿De qué podemos gloriarnos en nuestra vida? Los no creyentes quizás se glorien de muchas cosas, tales como el dinero, la fama, el poder social, el conocimiento y la sabiduría.

En Eclesiastés 1:2-3 leemos: *"Vanidad de vanidades, dice el Predicador, vanidad de vanidades, todo es vanidad. ¿Qué provecho recibe el hombre de todo el trabajo con que se afana bajo el sol?"* Por consiguiente, no hay nada de qué gloriarse, excepto el Señor. Cualquier cosa aparte del Señor es vanidad debido a que incluso las mejores cosas eventualmente perecerán y solo nos llevarán al Infierno.

Nosotros, los que conocemos esto, debemos gloriarnos en el Señor únicamente porque solo lo que hacemos en Él no es vanidad. Ya sea que estudiemos, administremos un negocio, comamos o bebamos, o lo que sea que hagamos, debemos esforzarnos por darle la gloria a Dios en todas las cosas en la verdad. Vivir de este modo es una bendición verdadera. Este tipo de vida no es en vano porque Dios se complace mucho con ella, y nos producirá recompensas celestiales.

Capítulo 2

— La manifestación del poder mediante el Espíritu

— El camino de la cruz, la sabiduría de Dios

— La gracia de Dios comprendida por medio del Espíritu Santo

— Las cosas espirituales se disciernen a través del Espíritu

La manifestación del poder mediante el Espíritu

"Cuando fui a vosotros, hermanos, proclamándoos el testimonio de Dios, no fui con superioridad de palabra o de sabiduría, pues nada me propuse saber entre vosotros, excepto a Jesucristo, y éste crucificado" (2:1-2).

El apóstol Pablo era un hombre con estudios superiores y vasto conocimiento, pero él no dependía de su educación ni conocimiento, ni confiaba en su distinguida habilidad para hablar o en su sabiduría cuando predicaba el mensaje de Dios. Esta es la voluntad de Dios.

No podemos llevar las almas a la salvación con palabras elocuentes, argumentos persuasivos o la sabiduría del hombre. Es por eso que debemos tener cuidado cuando leemos libros acerca de la fe. No debemos aceptar cualquier cosa, tan solo porque está en un libro escrito por una persona famosa.

Si un autor que ora mucho y tiene profunda comunicación con Dios escribe un libro, entonces es muy probable que el libro sea de beneficio. Pero aunque el autor sea bien educado y muy conocedor, si no es un hombre de oración y ayuno, y si no se comunica con Dios, es muy probable que sus libros no sean beneficiosos. Esto se debe a que el libro ha sido escrito únicamente con el conocimiento y la sabiduría del autor.

¿Qué fue lo que testificó Pablo? Él únicamente testificó de Jesucristo y de Su crucifixión en la cruz. Esto es lo que un siervo de Dios debe hacer: debe testificar de quién es Jesucristo, por qué vino a este mundo, por qué fue crucificado y cómo nos redimió de nuestros pecados. Además debe predicar de Su resurrección y Segunda Venida para que los hijos de Dios puedan tener su esperanza en el Cielo mientras viven en este mundo.

Es por esto que el apóstol Pablo dijo que estaba decidido no saber nada, excepto estas cosas. Desde el momento que conoció al Señor, él comprendió que su conocimiento no era un beneficio sino un impedimento para la salvación de las almas.

Cuando el hombre ha ganado mucho conocimiento y ha desarrollado bien la ciencia y la tecnología, se torna arrogante y ha tiene la tendencia a decir que no hay Dios. Los que buscan el conocimiento de este mundo no buscan a Dios. Es por esto que el apóstol Pablo dijo que estaba decidido a no saber nada, 'excepto a Jesucristo, y éste resucitado'.

Por consiguiente, los que quieren convertirse en pastores o quieren trabajar para Dios, deben leer la Biblia antes que cualquier libro escrito por el hombre que escribe con su propia sabiduría y conocimiento. Asimismo, deben orar para tener comunicación espiritual con Dios y esforzarse por recibir Su poder. Esta es la única manera de salvar a las almas y engrandecer el reino de Dios.

En Efesios 5:16, el apóstol Pablo anima a *"aprovechar bien el tiempo, porque los días son malos"*. Debemos comunicarnos con Dios y llevar la salvación a las muchas almas que están muriendo en esta generación perversa. Debemos testificar del Dios vivo y llevarlas a la fe. Es más, debemos recordar que estas cosas no se hacen por medio del conocimiento de este mundo.

> **"Y estuve entre vosotros con debilidad, y con temor y mucho temblor" (2:3).**

Antes de conocer al Señor, el apóstol Pablo no tenía temor. Se puso al frente en la detención y persecución de los creyentes en Jesucristo. Pero desde el momento que conoció al Señor, se mantuvo junto a la gente en su debilidad, temor y temblor.

¿Qué significa esto? Si en realidad creemos y conocemos a Dios, Sus obreros debemos mostrar nuestras debilidades ante Dios y ante los demás creyentes. El único fuerte es Dios; debemos comprender que no podemos hacer nada a menos que Él esté con nosotros.

Algunos dicen que tienen la habilidad de hablar bien por causa de sus conocimientos, educación y sabiduría. No obstante, las obras de Dios no se pueden realizar con estas cosas. Por ejemplo: supongamos que hay un conferencista muy bueno, quien tiene el conocimiento y la habilidad necesaria para hablar y cautivar a la audiencia. Si esta persona predica el mensaje de Dios, ¿puede hacer que los creyentes cambien y vivan en la verdad? La respuesta es no, ¡absolutamente no!

Claro está que la audiencia quizás se conmueva por sus palabras momentáneamente, pero ese tipo de discurso no tiene poder alguno para motivarlos a despojarse de la naturaleza pecaminosa o sacar el mal del corazón. El conocimiento y la habilidad para hablar en una persona no puede guiar a vivir en la Palabra de Dios. Los buenos discursos no plantan fe en el corazón de la gente, no causan que la gente lo conozca ni cambie sus vidas. Por consiguiente, las cosas que forman estos discursos, no son de beneficio.

Si entendemos este hecho, no podremos evitar volvernos humildes ante Dios. Nos volvemos débiles porque no podemos hacer nada a menos que Dios esté con nosotros.

Aun Jesús era débil a veces, y simplemente evitaba a aquellas personas que trataban de capturarlo y matarlo. El apóstol Pablo también fue débil y temblaba ante Dios ya que él entendió bien que no podía hacer nada si Dios no estaba con él.

Debido a que el apóstol Pablo tenía siempre este temor y temblor, jamás dejó de orar para poder continuar su comunicación espiritual con Dios. Él estaba siempre alerta, sin prestar atención a ninguna otra cosa. De la misma manera, debemos cumplir nuestras responsabilidades dadas por Dios con debilidad, temor y temblor.

> "Y ni mi mensaje ni mi predicación fueron con palabras persuasivas de sabiduría, sino con demostración del Espíritu y de poder, para que vuestra fe no descanse en la sabiduría de los hombres, sino en el poder de Dios" (2:4-5).

El Espíritu Santo puede comenzar a obrar solamente cuando hacemos caso omiso de nuestro conocimiento y sabiduría del mundo para confiar en Dios totalmente y dejarlo todo en Sus manos. Entonces Dios puede controlar nuestro corazón, mente, pensamientos y labios. Si oramos por sabiduría para hacer todo, en lugar de usar nuestros pensamientos humanos, entonces podremos escuchar la voz del Espíritu Santo que proviene desde nuestro corazón. Por el contrario, si usamos nuestros propios pensamientos, no podremos escuchar la voz del Espíritu Santo.

Algunos dicen que no pueden escuchar la voz del Espíritu Santo aunque oren, pero eso no es así en realidad. A veces, simplemente no notamos que estamos escuchando la voz del Espíritu Santo. Supongamos que se quiere iniciar algo. En este caso, si se decide de acuerdo a los propios pensamientos sin poder recordar la Palabra de Dios, entonces no se podrá escuchar la voz del Espíritu Santo. Por otro lado, si se decide en base a la Palabra de Dios que es la verdad, y se actúa de acuerdo a esa verdad, entonces estamos escuchando la voz del Espíritu Santo.

Las palabras de Dios no provienen de nuestros propios pensamientos. Aquellos que no reciben el poder del Espíritu

Santo, aunque leen la Biblia de manera extensa, no logran recordar la Palabra de Dios frente a una variedad de condiciones y situaciones problemáticas. Pienso que usted habrá experimentado la siguiente situación en algunas ocasiones: ha leído la Biblia muchas veces, pero cuando desea proporcionar consejos espirituales a alguien, parece que nada apropiado viene a su mente.

Sin embargo, los que escuchan la voz del Espíritu Santo recibirán Su Palabra para poder decir lo necesario a quienes necesitan de consejo espiritual. Los que oran y se equipan con la Palabra de Dios escucharán la voz del Espíritu Santo todo el tiempo. De este modo, es decir, siguiendo la voluntad de Dios, llevarán siempre una vida de victoria y no cederán ante las tentaciones de Satanás.

Nosotros no podremos obtener fe por medio de la sabiduría del hombre; tampoco obtendremos fe ni conocimiento de Dios con la sabiduría humana. Más bien, es a menudo al contrario; mientras más sabiduría se tiene, es probable que se tenga también más dudas.

Ya que el apóstol Pablo comprendió esto a fondo, él no usó su sabiduría, su habilidad para hablar ni su conocimiento personal, sino que recibió la llenura del Espíritu Santo, al estar lleno del Espíritu, él predicó solamente a Jesucristo y el camino de la cruz. Puso a un lado todos sus conocimientos e hizo su ministerio con el poder de Dios y del Espíritu Santo por medio de la oración. Esta es la manera sorprendente en la que se dieron las obras de sanidad que tomaban lugar con solo llevar ante los enfermos los pañuelos que él había tocado (Hechos 19:12).

Las obras de arrepentimiento tomarán lugar y la gente cambiará solamente cuando se predique el evangelio con el poder de Dios. Cuando se demuestra el poder de Dios en el mensaje que se predica, el conocimiento del hombre y sus pensamientos se verán frustrados y el oyente podrá reconocer al Dios vivo. Esta es la manera en la que obtendrán fe, se arrepentirán de sus pecados y vivirán en la verdad. Por consiguiente, cuando predicamos el evangelio, debemos testificar del Dios vivo a través de la manifestación de Su poder mediante la oración, no solo con palabras o sabiduría.

Esto no significa, sin embargo, que no necesitamos conocimiento de este mundo y que no debemos estudiar. Lo que he explicado es que no debemos usar el conocimiento del mundo cuando estamos llevando a cabo las obras relacionadas con la salvación de las almas. Por lo general debemos estudiar mucho en la escuela y presentarnos en los lugares de trabajo con el fin de edificar a los demás y glorificar a Dios.

Ya sea que comamos, bebamos, o en lo que sea que hagamos, debemos vivir para glorificar a Dios. Lo mismo sucede con el estudio; simplemente no podemos plantar fe en los demás únicamente con nuestro conocimiento al predicar el evangelio.

El camino de la cruz, la sabiduría de Dios

"Sin embargo, hablamos sabiduría entre los que han alcanzado madurez; pero una sabiduría no de este siglo, ni de los gobernantes de este siglo, que van desapareciendo" (2:6).

Hasta este punto, el apóstol Pablo ha explicado que la sabiduría del mundo es inservible. Dijo que había dejado de lado la sabiduría de los hombres, y ahora comienza a hablar sobre la verdadera sabiduría. En este caso, al hablar de 'los que han alcanzado madurez' se refiere a los que han crecido en la fe, los que se paran sobre la roca de la fe y comen alimento sólido.

Observemos la sabiduría un poco más, de modo más cercano. Santiago 3:17 dice: *"Pero la sabiduría de lo alto es primeramente pura, después pacífica, amable, condescendiente, llena de misericordia y de buenos frutos, sin vacilación, sin hipocresía".*

Esta sabiduría proviene de lo alto. Dios la provee en la

medida en que nos alejamos de lo incorrecto de acuerdo a la Palabra de Dios y vivimos según Su Palabra. Es decir, si vivimos de acuerdo a la Palabra, seremos puros, pacíficos, amables, condescendientes, llenos de misericordia y de buenos frutos. Además no vacilaremos ni seremos hipócritas, sino que podremos recibir sabiduría de lo alto en la medida en que se cumpla la Palabra de Dios en nosotros. Asimismo, podremos recibir sabiduría ilimitada y sin fin desde lo alto si avanzamos al nivel de fe de la madurez.

Los que alcanzan este nivel de fe no dirán que no pueden predicar el evangelio porque no tienen suficiente educación; pues no confían en su propio conocimiento sino el que proviene de lo alto. Respecto a la gente que ha obtenido este conocimiento, en Mateo 10:19-20 leemos: *"Pero cuando os entreguen, no os preocupéis de cómo o qué hablaréis; porque a esa hora se os dará lo que habréis de hablar. Porque no sois vosotros los que habláis, sino el Espíritu de vuestro Padre que habla en vosotros"*.

Para recibir sabiduría de lo alto, debemos renunciar a la sabiduría y el conocimiento del mundo. ¿Qué es específicamente aquello a lo que debemos renunciar? ¿Acaso son conocimientos tales como "uno más uno igual dos"? ¡Por supuesto que no!

Debemos despojarnos del conocimiento que está en contra de la Palabra de Dios. Un ejemplo de esto es afirmar que los monos han evolucionado hasta convertirse en seres humanos. Podemos entender que algo así no es correcto cuando comprendemos en realidad la verdad. Podemos creer que Dios creó los Cielos y la Tierra y todo lo que hay en ellos únicamente después de despojarnos del conocimiento del mundo.

En el verso 6, leemos: "...pero una sabiduría no de este siglo, ni de los gobernantes de este siglo, que van desapareciendo". En este caso, al hablar de 'gobernantes' se refiere a los obreros civiles, es decir, los fariseos, los escribas, los sacerdotes y aquellos que se encontraban en posiciones de liderazgo.

Al aplicarlo al uso actual, el término 'gobernantes' se refiere a los educadores en posiciones de liderazgo y a las cosas por medio de las cuales se nos enseña algo. Por consiguiente, aun los maestros y los libros pueden ser gobernantes. Cuando no conocíamos la verdad, obtuvimos todo tipo de conocimiento y sabiduría, pero debemos despojarnos de gran parte de ella al aprender la verdad.

Por ejemplo: si uno se enferma, el conocimiento y la práctica común de las personas implica ir al hospital para recibir el tratamiento médico adecuado. Pero los hijos de fe que creen en la omnipotencia de Dios pueden ser sanados por completo a través de la oración. La sanidad de Dios no se compara con ningún tratamiento de cualquier hospital; esta será perfecta y no dejará secuelas.

Por el contrario, los gobernantes de este mundo no creerán en esto, más bien, lo considerarán necedad. Esta es la sabiduría de los gobernantes; con esta sabiduría, no pueden creer en la verdad.

> "...sino que hablamos sabiduría de Dios en misterio, la sabiduría oculta que, desde antes de los siglos, Dios predestinó para nuestra gloria" (2:7).

Dios creó los cielos y la tierra para obtener hijos verdaderos y dispuso todas las cosas para el Cultivo de la humanidad. Él sabía cuándo desobedecía Adán y se dirigiría al camino de muerte. Al conocer esto, Dios escondió la Providencia de la salvación que debía tomar lugar a través de Jesucristo, por lo que Él se convirtió en un secreto oculto desde antes del inicio de los tiempos.

Cuando Jesucristo apareció ante la gente, los gobernantes de la época no lograron comprenderlo con su sabiduría, así que lo crucificaron. El enemigo diablo produce en la gente solo sabiduría y conocimiento del mundo. El diablo tampoco comprendió la sabiduría de Dios, y pensó que podría obtener la autoridad gobernante del aire por siempre, pero solamente si mataba a Jesús.

Desde el tiempo del nacimiento de Jesús, el enemigo diablo trató de matarlo, de toda forma posible. Finalmente incitó a los gobernantes de este mundo a crucificar a Jesús, y pensó que había obtenido la victoria, pero, esta es la sabiduría de Dios.

Una ley espiritual dicta que la paga del pecado es la muerte. Antes de que Adán comiera del fruto prohibido, no tenía pecado y no existía la muerte. Él y sus descendientes llegaron a enfrentar la muerte después de la desobediencia de Adán. Si uno comete pecado, ciertamente enfrentará la muerte. No obstante, el diablo mató al inmolado Jesús quien no tenía pecado original ni había cometido ningún pecado. Por ende, cuando el diablo incitó a la gente a matar a Jesús, se trató de una violación de la ley del reino espiritual.

Inicialmente Adán tenía la autoridad para gobernar y sojuzgar todas las cosas de la Tierra, pero cuando pecó, su autoridad pasó a manos del diablo porque Adán le obedeció al cometer pecado. No obstante, para el diablo, la consecuencia por haber matado al inmolado Jesús era que debía devolver su autoridad sobre las naciones. A partir de ese momento, cualquiera que crea en Jesucristo puede ser salvo. Este es el 'camino de la cruz' que fue escondido desde antes del inicio de los tiempos. Fue el plan de Dios para salvar a los pecadores. ¡Cuán sorprendente es la sabiduría de Dios!

Dios nos da sabiduría de lo alto cuando nos despojamos de la sabiduría del diablo que es la sabiduría y conocimiento de los gobernantes de esta época. Si recibimos la sabiduría de Dios desde lo alto, podremos disfrutar de gloria ilimitada en la tierra.

Entonces, ¿por qué dice el verso que recibiremos gloria mientras se supone que únicamente Dios debe recibir toda la gloria? Damos gloria a Dios el Padre en todas las cosas, ya sea que comamos, bebamos o en cualquier cosa que hagamos. Entonces, Él nos retribuye de modo apretado, remecido y rebosando una vez que recibe la gloria porque a Él le agrada dar.

Él también nos da recompensas en los Cielos. Por ende, si

damos gloria a Dios, esto es, después de todo, darnos gloria a nosotros mismos. Dios nos lleva de la muerte a la salvación y a la vida eterna, y por ende, esto es para nuestra gloria.

Jesús también dio siempre la gloria a Dios el Padre. Pero Juan 17:10 dice: *"...y he sido glorificado en ellos"*. Debido a que Jesús recibió la recompensa de sentarse a la diestra del trono de Dios y la autoridad para señorear sobre todas las naciones, Él es glorificado.

> **"...la sabiduría que ninguno de los gobernantes de este siglo ha entendido, porque si la hubieran entendido no habrían crucificado al Señor de gloria; sino como está escrito: 'Cosas que ojo no vio, ni oído oyó, ni han entrado al corazón del hombre, son las cosas que Dios ha preparado para los que le aman" (2:8-9).**

Algunos gobernantes de esa época también creyeron en Dios. Sin embargo, leemos: "...la sabiduría que ninguno de los gobernantes de este siglo ha entendido...". Esto significa que si enseñamos y usamos la sabiduría del mundo, no podemos entender a Jesucristo. Si ellos hubieran conocido la sabiduría de Dios, no habrían crucificado a Jesús.

Aquellos maestros no renunciaron a su sabiduría del mundo y es por eso que no pudieron recibir sabiduría de lo alto y que no conocieron a Jesucristo, el secreto oculto desde antes del inicio de los tiempos, sino que más bien lo crucificaron.

En el verso 9 leemos: "Cosas que ojo no vio, ni oído oyó, ni han subido en corazón de hombre, son las que Dios ha preparado para los que le aman". Los que enseñan el conocimiento de este mundo que es contrario a la Palabra de Dios y los que no ponen en práctica la Palabra, no pueden ver ni escuchar aunque tienen ojos y oídos. No pueden escuchar la voz del Espíritu Santo, y causan persecución sobre los que les predican la Palabra de verdad. El resultado de esto es que al final, crucifican a Jesús.

¿Por qué no pueden ver, escuchar ni pensar? Es principalmente porque se han tornado ciegos en lo espiritual por causa de sus conocimiento del mundo que van en contra de la verdad. Por consiguiente, el apóstol Pablo les aconseja que se despojen del conocimiento del mundo que estaba en contra de la Palabra de verdad y que reciban la sabiduría de parte de Dios para poder llevar una vida bendecida.

La gracia de Dios comprendida por medio del Espíritu Santo

"Pero Dios nos las reveló a nosotros por el Espíritu; porque el Espíritu todo lo escudriña, aun lo profundo de Dios" (2:10).

No podemos llegar a conocer ni a entender a Dios con el conocimiento y la sabiduría de este mundo, pero si abrimos nuestro corazón y aceptamos a Jesucristo, recibiremos el don del Espíritu Santo y entonces podremos conocer y tener un encuentro con Dios. El Espíritu Santo es el Espíritu de Dios, es decir, el corazón de Dios. ¿De qué manera nos puede guiar el Espíritu Santo a conocer y encontrar a Dios?

El Espíritu Santo nos enseña que Dios es el Creador y nuestro Padre; Él nos permite conocer el secreto que estaba oculto desde antes del inicio de los tiempos, el secreto que los gobernantes de este siglo no entienden. Él nos enseña acerca de Jesucristo y nos lleva a tener fe al enseñarnos acerca del Cielo y el Infierno. El Espíritu Santo es el corazón del Santo Dios y es natural que Él pueda examinar aun las cosas más profundas de Dios.

Cuando el Espíritu Santo viene a nosotros, Él revive nuestro espíritu muerto y nos lleva a la verdad. Además, permite que confesemos que Jesús es nuestro Señor y testifica que pertenecemos a Dios.

Adicionalmente, el Espíritu Santo nos enseña y recuerda todas las cosas que Jesús nos ha enseñado, tal como lo leemos en Juan 14:26, que dice: *"Pero el Consolador, el Espíritu Santo, a quien el Padre enviará en mi nombre, Él os enseñará todas las cosas, y os recordará todo lo que os he dicho"*. Además nos ayuda en nuestra debilidad y hace posible que oremos de acuerdo a la voluntad de Dios.

El Espíritu Santo conoce el corazón de Dios por completo y desea que cumplamos Su voluntad. Por ende, Él ayuda a los hijos de Dios a orar de acuerdo a la voluntad del Padre. Es más, en Gálatas 5:22-23 leemos: *"Mas el fruto del Espíritu es amor, gozo, paz, paciencia, benignidad, bondad, fidelidad, mansedumbre, dominio propio; contra tales cosas no hay ley"*; por medio de Él podemos producir el fruto del Espíritu. Él nos guía para poder convertirnos en personas espirituales quienes practican la voluntad de Dios.

"Porque entre los hombres, ¿quién conoce los pensamientos de un hombre, sino el espíritu del hombre que está en él? Asimismo, nadie conoce los pensamientos de Dios, sino el Espíritu de Dios" (2:11).

El apóstol Pablo menciona el espíritu del hombre para explicar acerca del Espíritu Santo. Nadie conoce los pensamientos de un hombre, sino el espíritu del hombre que está en él. De igual manera, el Espíritu Santo conoce las cosas profundas de Dios. Cuando este Espíritu Santo viene a nosotros, también conoceremos las cosas de Dios, y así, también recibiremos la sabiduría de Dios y comprenderemos la profundidad de Sus cosas.

Sin embargo, en este caso, Pablo podría haber dicho que el corazón o la consciencia del hombre conoce los pensamientos del hombre. ¿Por qué mencionó al espíritu del hombre que está en él? En esto reposa un gran significado espiritual.

Cuando aceptamos a Jesucristo y recibimos el don del Espíritu Santo y vivimos como hijos de Dios, nuestro corazón es 'espíritu' en sí. No obstante, debemos comprender y distinguir que hay corazón y espíritu en el hombre.

En Génesis 2:17-18, luego de crear a Adán, el primer hombre, Dios le dice: *"De todo árbol del huerto podrás comer; mas del árbol de la ciencia del bien y del mal no comerás; porque el día que de él comieres, ciertamente morirás. Y el SEÑOR Dios dijo: No es bueno que el hombre esté solo; le haré una ayuda idónea"*, entonces tomó una costilla de Adán y con ella hizo para él una mujer para que lleguen a ser una sola carne.

Dios dio a Adán la autoridad para sojuzgar todo y lo bendijo al decir: *"Sed fecundos y multiplicaos, y llenad la tierra y sojuzgadla; ejerced dominio sobre los peces del mar, sobre las aves del cielo y sobre todo ser viviente que se mueve sobre la tierra"* (Génesis 1:28).

Cierto día, Satanás tentó a Eva por medio de la serpiente, diciendo: *"¿Conque Dios os ha dicho: 'No comeréis de ningún árbol del huerto'?"* (Génesis 3:1)

La respuesta de Eva fue la siguiente: *"Del fruto de los árboles del huerto podemos comer; pero del fruto del árbol que está en medio del huerto, ha dicho Dios: 'No comeréis de él, ni lo tocaréis, para que no muráis'"* (Génesis 3:2-3). Dios dijo: "...ciertamente morirás", pero Eva dijo: "...para que no muráis", sin certeza.

Entonces Satanás tentó progresivamente a Eva, diciendo: *"Ciertamente no moriréis. Pues Dios sabe que el día que de él comáis, serán abiertos vuestros ojos y seréis como Dios, conociendo el bien y el mal"* (versos 3-4). Eva finalmente comió del fruto y se lo dio a Adán, y él comió también. Fueron engañados y desobedecieron a Dios porque no guardaron Su Palabra.

Tal como Dios lo había dicho, "ciertamente morirás", cuando Adán comió el fruto prohibido en el Huerto del Edén, su espíritu murió. Desde ese momento, ya no podía comunicarse con Dios. En Juan 3:6, se enseña: *"Lo que es nacido de la carne, carne es; y lo que es nacido del Espíritu, espíritu es"*. Como está escrito, cuando aceptamos al Señor, el Espíritu

Santo viene a nosotros y da vida a nuestro espíritu. Es decir, Él nos permite comprender lo que es el pecado, lo que es la justicia y lo que es el juicio. Nos enseña la Palabra de Dios de modo que nuestro espíritu muerto revive y llegamos a ser personas más espirituales. Esto se conoce como "el espíritu da a luz al espíritu".

Por consiguiente, sin el Espíritu Santo, nuestro espíritu muerto no puede revivir ni podemos dar vida a nuestro espíritu. Podemos comprender la Palabra de la verdad, tomarla como nuestro pan espiritual y vivir una vida de un hombre del espíritu para llegar a ser personas totalmente espirituales. Esto se logra únicamente a través del Espíritu Santo. Alcanzamos la imagen del Señor por medio de este proceso.

Todos los profetas y los discípulos de Jesús llegaron a ser hombres espirituales de este modo, y se comunicaban con Dios, de modo que lograron manifestar obras poderosas de Dios al llevar a cabo Su reino. En Juan 14:12 leemos: *"En verdad, en verdad os digo: el que cree en mí, las obras que yo hago, él las hará también; y aun mayores que éstas hará, porque yo voy al Padre"*. Si llegamos a ser personas espirituales, podremos manifestar señales y prodigios e incluso obras mayores que estas para la gloria de Dios.

Antes de que Adán comiera del árbol de la ciencia del bien y del mal, no había necesidad de distinguir entre el corazón y el espíritu. Su espíritu era su corazón mismo, pero desde que pecó y su espíritu murió, la falsedad entró en el corazón del hombre. Es desde este punto que el corazón del hombre se dividió en un corazón lleno de verdad o de falsedad. Tenemos estos dos tipos de corazones. Una parte desea ir tras los deseos del Espíritu Santo y la otra parte desea ir tras los deseos de la carne.

En otras palabras, tenemos el deseo de buscar la verdad, la bondad y el espíritu, y otro deseo de ir tras lo falso, lo malo y lo carnal. Mientras más espirituales nos volvemos, más control podremos ejercer sobre los deseos de la carne y seguiremos los deseos del Espíritu Santo. Si controlamos los deseos de la carne por completo, no sentiremos que llevar una vida en Cristo es algo difícil, sino que únicamente sentiremos gozo y felicidad en ella.

Por el contrario, si tenemos un fuerte deseo de seguir la carne, es muy probable que perdamos las batallas espirituales. Si nuestro corazón está dividido en dos partes, siendo la una el corazón de la verdad y la otra el de la falsedad, entonces llevar la vida en Cristo será difícil porque siempre habrá luchas intensas. Pero si tenemos un deseo muy fuerte de seguir al Espíritu Santo, entonces tendremos la tendencia a llevar siempre una vida de victoria. Si continuamente 'damos vida al espíritu' por medio del Espíritu, podremos despojarnos de las cosas falsas del corazón y este se llenará por completo con la verdad. Entonces nuestro espíritu y corazón serán uno.

Únicamente el espíritu en el hombre conoce todos sus pensamientos. Usted quizás piense que conoce bien su corazón, pero no es así. Por ejemplo: muchas personas hacen 'resoluciones de Año Nuevo'; algunas personas deciden vivir en la Palabra de Dios y otras pretenden esforzarse más por extender sus negocios.

Algunos estudiantes quizás deciden estudiar más y obtener mejores calificaciones. Si estas personas consiguen llevar a cabo sus resoluciones por tan solo seis meses, es algo excelente y extraordinario. Significa que ni siquiera conocen su corazón. Supongamos que usted está pidiendo a Dios por sus problemas financieros y le dice: "Dios, si me bendices en lo económico, ayudaré a los necesitados y lo gastaré todo para Tu gloria. Tú conoces mi corazón; por favor, bendíceme". Sin embargo, en muchos casos, no reciben una respuesta a sus oraciones.

Dios desea dar a Sus hijos cuando estos le piden, ¿por qué no lo hace entonces? Es porque conoce su corazón.

Ellos quizás piensen que ayudarán a los pobres ya que también han sufrido pobreza, pero solo Dios conoce lo más secreto del corazón. Él no puede bendecirlos si piensa: "No, si te doy bendiciones financieras, te distanciarás de mí. Amarás el dinero más que a mí, dejarás de orar, y poco a poco te irás al mundo".

De hecho, existen algunas personas que dejan de orar y caen en el mundo una vez que reciben bendiciones financieras. Mientras están en necesidad trabajan fielmente para el reino de Dios, pero una vez que reciben bendiciones, se distancian de Dios. Presentan la excusa de estar ocupados o de no disponer de tiempo. En estos casos, vemos que les es de mayor bendición no recibir bendiciones financieras para que no abandonen a Dios.

Es de este modo que no conocemos nuestro propio corazón,

pero el espíritu en nosotros sí lo conoce. Los que se equipan a sí mismos con la Palabra de Dios y viven por completo en la verdad, conocen su corazón. Estos saben si tienen o no astucia o si podrán guardar sus promesas. Su espíritu les permite saber estas cosas, y no cometerán ningún error ante Dios.

Por ejemplo: no van a orar diciendo solamente: "Dios, lo haré", sino que dirán algo así: "Dios, deseo hacerlo. Por tanto, dame Tus fuerzas y ayúdame". Dios nos dice que no hagamos juramento alguno (Mateo 5:34). Si hacemos un juramento, Satanás quizás trate de perturbarnos para que no lo podamos cumplir. Es por eso que debemos orar diciendo: "Dios, ayúdame y dame fuerzas para hacerlo".

Pero si su espíritu reconoce que ciertamente puede hacerlo, en su oración podrá decir: "Dios, lo haré. Por favor ayúdame", y usted con certeza logrará hacerlo. Debido a que ha hecho una promesa ante Dios y consigo mismo, ciertamente lo hará. El espíritu de la verdad en nosotros conoce nuestros pensamientos más profundos y puede orar de modo preciso según nuestra situación.

Pero si aún no hemos llegado a ser personas espirituales, no podremos en realidad escuchar la voz del Espíritu Santo, sino que solo podremos examinarnos con nuestro corazón y en realidad no podremos entender las cosas profundas. Esta es la razón por la que no podemos anticiparnos al mañana.

Hay algo que debemos recordar. Está escrito: "Porque entre los hombres, ¿quién conoce los pensamientos de un hombre, sino el espíritu del hombre que está en él?" Si usted se convierte en un hombre de la verdad, podrá evitar incluso las cosas peligrosas porque el Espíritu Santo le permitirá saber acerca de ellas a través de un sueño, una inspiración, una voz en el corazón o durante sus oraciones. El Espíritu Santo examina incluso las cosas más profundas de Dios, y Él nos las dejará conocer. En la medida en que lleguemos a ser personas espirituales, escucharemos aquellas 'voces' del Espíritu Santo con más claridad.

Por consiguiente, si usted comprende claramente la Palabra de Dios espiritual y entiende la verdad, la comunicación con Dios le será algo muy natural. Podrá actuar de manera adecuada ante todas las cosas si llega a ser un hombre espiritual. El Espíritu Santo está en nosotros; si escuchamos Su voz, podremos entender el corazón de Dios, Su voluntad y podremos agradarle.

> **"Y nosotros hemos recibido, no el espíritu del mundo, sino el Espíritu que viene de Dios, para que conozcamos lo que Dios nos ha dado gratuitamente"** (2:12).

Los que han aceptado a Jesucristo y han recibido el Espíritu Santo, han recibido el don del Espíritu de Dios en lugar del espíritu de este mundo. ¿Qué es el espíritu del mundo? Es el espíritu del diablo, el espíritu engañador, y el espíritu de falsedad.

Incluso entre los creyentes en Dios podemos encontrar aquellos que han recibido el espíritu de engaño y falsedad. Estas son personas que dicen que no pueden creer en las señales y prodigios descritos en la Biblia.

La Biblia registra sucesos de muchas señales y prodigios que toman lugar debido a que Dios crea cosas de la nada. Por tanto, no es correcto no creer en Dios debido a nuestros propios pensamientos y teorías. Estas personas quizás dicen que creen, pero en realidad no han dado nacimiento al espíritu por medio del Espíritu; no son hijos de Dios.

¿Qué dice la Biblia respecto al espíritu del mundo?

En 1 Timoteo 4:1 leemos: *"Pero el Espíritu dice claramente que en los últimos tiempos algunos apostatarán de la fe, prestando atención a espíritus engañadores y a doctrinas de demonios..."*. No seremos engañados si nos paramos firmes sobre la roca de la fe. Los que abandonan su fe irán tras espíritus engañadores y doctrinas de demonios.

Por ejemplo: cuando la Biblia nos dice que clamemos en oración, obviamente debemos obedecer al orar. Sin embargo, algunas personas intentan detener a otros de esta práctica afirmando que 'Dios no está sordo'. Asimismo, la Palabra de Dios nos dice que no dejemos de congregarnos en todo tiempo, pero algunos lo evitan diciendo que están ocupados. Estas cosas constituyen las enseñanzas de los espíritus engañadores.

1 Juan 4:3 dice: *"...y todo espíritu que no confiesa a Jesús, no es de Dios; y este es el espíritu del anticristo, del cual habéis oído que viene, y que ahora ya está en el mundo"*. En el verso 6 leemos: *"...el que conoce a Dios, nos oye; el que no es de Dios, no nos oye. En esto conocemos el espíritu de la verdad y el espíritu del error"*.

En Apocalipsis 16:13 está escrito: *"Y vi salir de la boca del dragón, de la boca de la bestia y de la boca del falso profeta, a tres espíritus inmundos semejantes a ranas"*. Esto habla acerca de los espíritus inmundos. En el verso 14 continúa, diciendo: *"...pues son espíritus de demonios que hacen señales, los cuales van a los reyes de todo el mundo, a reunirlos para la batalla del gran día del Dios Todopoderoso"*. Esto habla acerca de los espíritus de los demonios.

En Apocalipsis 18:2 dice: *"Y clamó con potente voz, diciendo: ¡Cayó, cayó la gran Babilonia! Se ha convertido en habitación de demonios, en guarida de todo espíritu inmundo y en guarida de toda ave inmunda y aborrecible"*.

Si uno recibe un espíritu del mundo como los descritos, se apartará de la verdad y seguirá el mundo. Para esta persona, ir tras la Palabra de Dios será algo muy extraño y completamente fuera de lo normal ya que estará recibiendo las obras de los demonios y los espíritus engañadores.

Por otro lado, los verdaderos hijos de Dios no recibirán

el espíritu del mundo sino únicamente el Espíritu de Dios, el Espíritu Santo. 1 Corintios 2:12 explica la razón por la que recibimos el Espíritu Santo. Dice: *"Y nosotros hemos recibido, no el espíritu del mundo, sino el Espíritu que viene de Dios, para que conozcamos lo que Dios nos ha dado gratuitamente"*.

Si nosotros recibimos un pago por nuestro trabajo, entonces no estamos hablando de 'gracia' ya que se nos paga por lo que hemos hecho. Pero si recibimos algo sin hacer ningún trabajo, entonces eso es 'gracia'.

No somos salvos por haber hecho algo o porque hemos vivido una vida justa. Mateo 9:13 dice: *"...porque no he venido a llamar a justos, sino a pecadores"*. Jesús vino a llamar a los pecadores; ahora podemos alejarnos del pecado y vivir una vida en rectitud porque Jesús nos llamó siendo pecadores. Somos perdonados de los pecados por medio de Jesucristo y podemos vencer al mundo con la fortaleza de Dios.

Las cosas espirituales se disciernen a través del Espíritu

"...lo cual también hablamos, no con palabras enseñadas por sabiduría humana, sino con las que enseña el Espíritu, acomodando lo espiritual a lo espiritual" (2:13, RVR1960).

El apóstol Pablo no predicó el evangelio con la sabiduría de este mundo ni con enseñanzas del hombre; no se refirió a ningún libro ni estudio, sino que enseñó únicamente lo que el Espíritu Santo le enseñaba.

Hay muchas personas que tienen vasta sabiduría y conocimientos del mundo. No obstante, el hecho de tener mucho conocimiento del mundo no capacita a una persona para hacer mejor la obra de Dios. Por ejemplo: incluso un gerente de una gran empresa quizás no logre hacer una tarea sencilla en una iglesia.

Es por esto que 1 Corintios 2:4 dice: *"Y ni mi mensaje ni mi predicación fueron con palabras persuasivas de sabiduría, sino con demostración del Espíritu y de poder"*. Las obras de Dios no se hacen con el conocimiento o la sabiduría humana. Estas se deben llevar a cabo únicamente con una demostración del poder del Espíritu.

Lo mismo sucede con el avivamiento de las iglesias. Algunas personas famosas que han sido anteriormente presidentes o profesores universitarios y líderes en la sociedad se han convertido en pastores.

Quizás pensemos que ellos podrán causar gran avivamiento en la iglesia porque poseen gran conocimiento y sabiduría, pero en realidad no sucede de ese modo. Las obras de Dios no se hacen con el conocimiento o la sabiduría de los hombres. Debemos hacer las obras de Dios únicamente de acuerdo a las enseñanzas del Espíritu Santo. ¿Qué enseña el Espíritu Santo? Examinemos en la Biblia de qué manera obra para revivir al espíritu muerto y llevarlo a la verdad.

En Juan 14:26, dice: *"Pero el Consolador, el Espíritu Santo, a quien el Padre enviará en mi nombre, Él os enseñará todas las cosas, y os recordará todo lo que os he dicho"*. Debemos recibir estas enseñanzas y dirección de parte del Espíritu Santo.

En Lucas 12:11-12 leemos: *"Y cuando os lleven a las sinagogas y ante los gobernantes y las autoridades, no os preocupéis de cómo o de qué hablaréis en defensa propia, o qué vais a decir; porque el Espíritu Santo en esa misma hora os enseñará lo que debéis decir"*. De este modo, no habrá error alguno si escuchamos la voz del Espíritu Santo y seguimos Su dirección.

En todo lo que hagamos, si el Espíritu Santo no obra, solo tendremos pensamientos humanos, y así no podremos experimentar el poder de Dios. Por lo tanto, debemos obrar por medio de la manifestación del poder del Espíritu, no con la sabiduría ni el conocimiento del hombre.

Las cosas de la carne y las obras de la carne

El verso 13 concluye con estas palabras: "...acomodando lo espiritual a lo espiritual" (RVR1960). ¿Qué son las cosas espirituales? Si es que existen las cosas espirituales, entonces deben existir también las que no son espirituales. Examinemos primero las cosas que no son espirituales. Estas constituyen las cosas de la carne y también las obras de la carne.

Las cosas de la carne son las características pecaminosas que se pueden activar para convertirse en actos de pecado, tales como la envidia, los celos o el odio.

La 'carne' en la Biblia es el término genérico para 'acciones y naturaleza pecaminosas'. Las 'obras de la carne' constituyen las acciones resultantes del pecado. Si tenemos el deseo de golpear a alguien, esto es una 'cosa de la carne', y si en realidad golpeamos a la persona, entonces se trata de una 'obra de la carne'.

Romanos 13:14 dice: *"...antes bien, vestíos del Señor Jesucristo, y no penséis en proveer para las lujurias de la carne"*. Gálatas 5:19-21 habla acerca de las obras de la carne que se oponen a las cosas espirituales. Dice: *"Y manifiestas son las obras de la carne, que son: adulterio, fornicación, inmundicia, lascivia, idolatría, hechicerías, enemistades, pleitos, celos, iras, contiendas, disensiones, herejías, envidias, homicidios, borracheras, orgías, y cosas semejantes a estas; acerca de las cuales os amonesto, como ya os lo he dicho antes, que los que practican tales cosas no heredarán el reino de Dios"* (RVR1960).

Estas obras de la carne son nocivas para nosotros y también pueden causar dolor a los demás; ellas evitan que heredemos el reino de Dios y que recibamos respuestas de parte de Él.

Así, las 'cosas espirituales' implican alejarse o deshacerse de las cosas de la carne y de las obras de la carne. Una vez que lleguemos a este nivel, tendremos comunicación con Dios, recibiremos respuestas a lo que pidamos y lo glorificaremos a Él.

Los hijos de Dios están en el proceso de llegar a ser hombres espirituales, y la mayoría de creyentes en verdad no son hombres completos del espíritu quienes pueden ser reconocidos por Dios. Cada individuo tiene una medida de fe distinta, y podemos discernir las cosas espirituales apropiadamente solo cuando entramos a los niveles espirituales.

"Pero el hombre natural no acepta las cosas del Espíritu de Dios, porque para él son necedad; y no las puede entender, porque se disciernen espiritualmente" (2:14).

En este caso, al hablar del 'hombre natural' se refiere a una persona que no guarda la Palabra de Dios y que todavía no se ha sumergido en la verdad, es decir, los que aman el mundo y todavía tienen deseos de lo mundano en su ser.

Estas personas no pueden escuchar la voz del Espíritu Santo ni pueden ser guiadas por Él. El Espíritu Santo nos enseña siempre y nos guía, pero si los oídos espirituales están cerrados para escuchar Su voz, no se podrán discernir las cosas espirituales. El hombre natural piensa que los hombres espirituales son más bien absurdamente aburridos.

Aunque no recibamos bendiciones en nuestro negocio o lugar de trabajo, vivir en la Palabra de Dios es una bendición. La gente del mundo tiende a decir que somos bendecidos si es que somos ricos, pero la Biblia no dice que las bendiciones de Dios son únicamente financieras.

En Salmos 1:1-2 leemos: *"¡Cuán bienaventurado es el hombre que no anda en el consejo de los impíos, ni se detiene en el camino de los pecadores, ni se sienta en la silla de los escarnecedores, sino que en la ley del SEÑOR está su deleite, y en su ley medita de día y de noche!"*

Tal como podemos aprender en la parábola del hombre rico y Lázaro, el mendigo, la riqueza en este mundo no es una bendición verdadera. Lázaro fue bendecido porque sirvió a Dios y recibió salvación. Esta vida terrenal es tan solo un breve momento, pero el reino celestial es eterno. Los que pueden aceptar esta palabra con gozo, pueden avanzar al nivel espiritual.

Únicamente aquellos que reciben las obras del Espíritu

de Dios pueden comprender esto. De este modo, pueden abstenerse de caer en las obras de la carne y vivir en la verdad. Tal como lo dice el pasaje, 1 Corintios 2:14, podemos discernir, o comparar, estas cosas únicamente por medio del espíritu.

'Comparar' significa discernir entre dos cosas. La verdad nos dice cuál es correcta, pero los que tienen las obras de la carne no pueden considerar las cosas apropiadamente porque piensan que sus propias ideas son las correctas. No obstante, pueden discernir lo que en realidad es correcto solo cuando entran en la dimensión espiritual.

"En cambio, el que es espiritual juzga todas las cosas; pero él no es juzgado por nadie" (2:15).

Muchas partes de la Biblia nos dicen que no juzguemos a los demás. ¿Qué significa este verso? 'El que es espiritual' es alguien que está viviendo en la Palabra de la verdad. Debido a que está viviendo en la Palabra de la verdad de Dios por completo, comprende su significado y puede juzgar a cualquiera.

En este caso, ¿qué significa 'juzgar'? Un hombre espiritual no aborrecerá ni envidiará a nadie, tampoco se volverá arrogante para juzgar a los demás. Su juicio será un juicio de amor.

Mateo 7:3-5 dice: *"¿Y por qué miras la mota que está en el ojo de tu hermano, y no te das cuenta de la viga que está en tu propio ojo? ¿O cómo puedes decir a tu hermano: 'Déjame sacarte la mota del ojo', cuando la viga está en tu ojo?*

¡Hipócrita! Saca primero la viga de tu ojo, y entonces verás con claridad para sacar la mota del ojo de tu hermano".

Esto nos dice que si sacamos la 'viga' de nuestros ojos, podremos ver claramente a los demás. Sacar la viga de nuestros ojos significa alejar todas las cosas carnales de nosotros. Los que viven en la verdad naturalmente aman a Dios y a sus hermanos, no tienen envidia, celos ni arrogancia sino que miran a los demás solo con amor, y únicamente estas personas pueden ver claramente la mota de sus hermanos. 'El que es espiritual' en el pasaje se refiere a este tipo de hombre espiritual.

¿Quién puede juzgar a un hombre espiritual?

La gente del mundo fácilmente juzga a los demás. No conocen lo que son las cosas espirituales, así que piensan que están en lo correcto. Por tanto, consideran que la gente espiritual es necia y la juzgan. Los fariseos, escribas y no creyentes juzgaron y condenaron a Jesús. Pero, en realidad, los que no conocen las cosas espirituales no pueden juzgar a los que son espirituales.

Es igual a un estudiante de primaria que no puede juzgar las destrezas matemáticas de un estudiante universitario. Únicamente cuando el niño vaya a la universidad y sobrepase el punto en educación del estudiante universitario, podrá juzgar si este estudiante fue o no fue bueno para las matemáticas. Así, los hombres espirituales pueden juzgar a cualquiera, pero los que no están en lo espiritual no pueden juzgar a los hombres espirituales.

> "Porque ¿quien ha conocido la mente del señor, para que le instruya? Mas nosotros tenemos la mente de Cristo" (2:16).

¿Puede usted enseñar a alguien que es más espiritual que usted? Lo que estoy preguntando es si usted puede enseñar a alguna persona que escucha la voz del Espíritu Santo mejor que usted. Si es así, significa que usted está tratando de enseñar a Dios mismo. Si intenta enseñar a un hombre que escucha la voz del Espíritu Santo claramente, entonces implica que se está considerando superior a Dios.

Por lo tanto, debemos mantener estrictamente el orden en la iglesia. Satanás empieza a obrar si se rompe ese orden. Es por eso que Pablo dice: "Porque ¿quien ha conocido la mente del señor, para que le instruya?" Al escuchar esto, los creyentes quizás se desalienten, y por eso él dice: "Mas nosotros tenemos la mente de Cristo" (verso 16). No debemos desalentarnos, porque tenemos la mente de Cristo.

El Espíritu Santo mora en nosotros. Así, si vivimos en la verdad, podremos escuchar Su voz para poder asemejarnos al Señor y llegar a ser más espirituales, con la capacidad para comparar y discernir las cosas espirituales. Entonces podremos ser considerados como hijos verdaderos de Dios.

En Romanos 8:14 dice: *"Porque todos los que son guiados por el Espíritu de Dios, los tales son hijos de Dios"*. No cualquier persona, sino únicamente los que son guiados por el Espíritu de Dios, son hijos de Dios. Por consiguiente, entremos a la dimensión espiritual y lleguemos a ser hijos de Dios que son guiados por el Espíritu de Dios.

Capítulo 3

SOMOS EL TEMPLO DE DIOS

— La iglesia de Corinto perteneció a la carne

— Dios da el crecimiento

— Un sabio arquitecto

— La obra de cada uno

— Destruir el templo de Dios

— La sabiduría del mundo es necedad

La iglesia de Corinto perteneció a la carne

"Así que yo, hermanos, no pude hablaros como a espirituales, sino como a carnales, como a niños en Cristo" (3:1).

Pablo dice: "no pude hablaros como a espirituales...". En base a este verso podemos ver que los creyentes de la iglesia de Corinto todavía no habían llegado a ser personas del espíritu. Pablo no podía hablarles como a hombres y mujeres espirituales porque todavía eran personas carnales, es decir, gente que tenía amistad con el mundo y pertenecía a la carne.

Pablo dice esto para describir a las personas que todavía no han alcanzado el nivel del espíritu, los que son "como carnales, como niños en Cristo". Los niños no pueden digerir alimentos sólidos; si lo hacen cuando todavía no son capaces de ello, sus vidas pueden correr peligro. Por esto es que a los bebés se los alimenta con leche únicamente.

De igual manera, los que dicen que creen en Cristo pero

siguen viviendo en la carne, no pueden asimilar ni entender la Palabra de Dios, ni pueden vivir de acuerdo a Su Palabra. Aunque sean reconocidos como intelectuales en este mundo, son todavía niños en Cristo quienes no conocen la verdad.

"Os di a beber leche, no alimento sólido, porque todavía no podíais recibirlo. En verdad, ni aun ahora podéis" (3:2).

El apóstol Pablo dijo que no podía darles alimento sólido, sino únicamente leche para beber. Tal como se explica en el primer verso, los creyentes en la iglesia de Corinto eran niños espirituales que no podían digerir alimentos sólidos, por lo que Pablo afirma que tuvo que darles únicamente leche, pues no podían manejar las cosas espirituales.

Podemos entender también en base al primer capítulo de 1 Corintios, que los creyentes en la iglesia de Corinto todavía eran personas carnales ya que tenían divisiones dentro de la iglesia entre quienes decían: "Yo soy de Pablo, yo soy de Apolos y yo soy de Cefas", lo que significa que no estaban unidos como uno solo en la verdad.

Si hubieran sabido cómo comer alimentos espirituales, se habría unificado con amor para orar, seguir la voluntad de Dios y llevar más almas a la salvación. No obstante, debido a que eran niños espirituales todavía, quienes debían beber leche, insistían en que estaban en lo correcto. Esto significa que no participaban de las cosas espirituales.

¿Qué tipo de fe debemos tener para poder convertirnos en firmes hombres espirituales y mujeres de fe?

Si pensamos en la fe espiritual medida en percentiles, entonces los hombres y mujeres espirituales son los que han pasado por el percentil 60 del tercer nivel de fe. En el percentil 50 quizás todavía sean llevados de izquierda a derecha, pero en el percentil 60 no serán sacudidos y podrán superar los deseos de la carne. Siendo así, podremos decir que están sobre 'la roca de la fe'. A partir de este punto podrán ser llamados hombres y mujeres espirituales y buscarán las cosas espirituales.

¿Podría examinarse a sí mismo en este instante para ver en dónde está usted en una escala de uno a cien? Si se encuentra en los percentiles 10 o 20 en la fe, significa que todavía es un niño espiritual. Como expliqué antes, aunque una persona sea un adulto en este mundo, puede ser un niño en lo espiritual si no asume y comprende las cosas espirituales sólidas. Si este es el caso, entonces debe escuchar la Palabra y practicarla con diligencia para convertirse en un creyente maduro.

Asimismo, en lo espiritual, los nuevos creyentes son como niños espirituales. De acuerdo a la medida de su fe, debemos alimentarlos espiritualmente y cuidar de ellos. Supongamos que un nuevo creyente administra un negocio. El domingo, debido a que está todavía en el nivel de niño espiritual, quizás asista al servicio de adoración en la mañana y luego va a abrir su negocio. Si cierra su negocio los domingos, Dios lo bendecirá. Sin embargo, no tiene la fe para aceptar la verdad todavía.

Si le decimos a esta persona que, para guardar el Día del Señor como un día santo es necesario que cierre su negocio por completo los domingos y que invierta todo el día en la iglesia, sentirá una gran carga y se negará a hacerlo.

Por lo tanto, debemos enseñarle, paso a paso, cómo guardar el Día del Señor como un día santo. Podemos ofrecer una sugerencia: "Si no desea cerrar su negocio los domingos, puede abrirlo, pero a la vez puede orar para que Dios aumente su fe, y mientras su fe va creciendo sentirá el deseo de cerrar el negocio para ir a la iglesia". Ya que estas personas están en el nivel en el que aman el dinero más que a Dios, no debemos causarles 'indigestión espiritual'.

Si su fe va creciendo y logran comer alimentos espirituales suaves, por lo general cerrarán el negocio los domingos, pero en los feriados principales quizás no logren vencer la tentación de abrir el negocio y no podrán guardar el Día del Señor como un día santo teniendo gozo. Este es el estado en el que se come alimentos espiritualmente suaves. Hasta este punto, decimos que 'pertenecen a la carne'.

Por el contrario, si uno se convierte en un hombre espiritual, cerrará el negocio los domingos y guardará el Día del Señor como un día santo aunque signifique que se enfrentará pérdidas económicas. Un creyente que es una persona espiritual no está dispuesto a cambiar el reino de los cielos por un poco más de dinero, y no desobedecerá la Palabra de Dios para obtener ganancias personales. Además, los hombres espirituales se regocijan al hacerlo porque saben que no sufrirán pérdidas económicas al cerrar sus negocios los domingos. Agradan a Dios al guardar la Palabra con fe y se regocijan por el hecho de ser reconocidos como hijos de Dios. Decimos que estas personas están 'paradas sobre la roca de la fe'.

> "...porque todavía sois carnales. Pues habiendo celos y contiendas entre vosotros, ¿no sois carnales y andáis como hombres?" (3:3)

El apóstol Pablo hizo énfasis en que los creyentes de la iglesia de Corinto todavía eran carnales al señalar que había celos y contiendas entre ellos.

Ser celoso es ser hostil hacia un rival o alguien de quien se cree que disfruta de una ventaja. Las contiendas son conflictos o disensiones llenas de amargura, y en ocasiones son violentas. Comienzan con codicia y causan disputas.

Tal como ya lo expliqué, los miembros de la iglesia de Corinto dijeron que eran de Pablo, Cefas, Apolo o el Cristo a fin de causar celos y contiendas. No solo en ese tiempo, sino también en la actualidad, hay iglesias que tienen celos y disensiones.

Por ejemplo: los miembros de un grupo misionero en una iglesia deben obedecer al líder del grupo. Digamos que el líder es electo por haber demostrado atributos que son más avanzados espiritualmente que los de los demás. Si los miembros del grupo no obedecen al líder, hay celos y contiendas involucradas.

Supongamos que usted siente incomodidad respecto a su líder, y piensa: "Yo he aprendido más que él, y tengo más fe que él...". ¿Qué pensará Dios de usted? Dios no podrá evitar afirmar que usted es carnal, al igual que el caso de los miembros de la iglesia de Corinto. Por lo tanto, si tenemos este tipo de pensamientos, debemos despojarnos de ellos rápidamente y convertirnos en hombres y mujeres espirituales.

"Porque cuando uno dice: Yo soy de Pablo, y otro: Yo soy de Apolos, ¿no sois simplemente hombres? ¿Qué es, pues, Apolos? Y ¿qué es Pablo? Servidores mediante los cuales vosotros habéis creído, según el Señor dio oportunidad a cada uno" (3:4-5).

Hechos 4:12 dice: *"Y en ningún otro hay salvación, porque no hay otro nombre bajo el cielo dado a los hombres, en el cual podamos ser salvos"*. Tal como está escrito, nosotros recibimos salvación en el nombre de Jesucristo. El apóstol Pablo, Apolos, o cualquier otra persona quizás tenga mucho poder, pero esto no significa que podemos alcanzar la salvación a través de ellos.

Pero cuando los creyentes en la iglesia de Corinto dijeron que eran 'de esta persona', o 'de aquella persona', Pablo dijo que Apolos y él eran ministros, es decir, aquellos que reciben una tarea de parte de alguien más y la cumplen. El apóstol Pablo y Apolos fueron ministros y siervos de Dios quienes hacían la obra de llevar las almas a la salvación.

Los ministros no actúan según su propia voluntad, sino en base a la voluntad de Dios. Por consiguiente, Apolos y Pablo obedecían la voluntad de Dios de llevar almas a la salvación al plantar fe en el redil y cuidar de él con atención. La salvación proviene únicamente de Cristo, por tanto, Pablo se preocupó mucho por los creyentes en Corinto porque decían que pertenecían a 'Pablo' o a 'Apolos'.

Dios da el crecimiento

"Yo planté, Apolos regó, pero Dios ha dado el crecimiento" (3:6).

Apolos aceptó al Señor antes que el apóstol Pablo, pero Dios consideró el vaso de este último y lo exaltó más que a Apolos en la manifestación de Su poder. Ellos eran uno en Dios, pero Pablo plantó y Apolos regó.

Al decir que 'Pablo plantó' se refiere a que él plantó la semilla de la fe en el corazón de las personas. Él testificó del Dios vivo con señales y la gente obtuvo fe. De este modo se plantó la semilla de la fe en ellos.

Jesús también plantó fe por medio de señales y prodigios. Si Él no hubiera manifestado ninguna señal y prodigio, entonces nadie habría creído que Él era el Hijo de Dios, el Salvador.

Hay muchas señales y milagros hechos por Jesús, los mismos que están registrados en la Biblia. En Marcos 4 vemos que Él calmó el viento y las olas. Mateo 4:23-24 nos dice: *"Y Jesús iba por toda Galilea, enseñando en sus sinagogas y proclamando el evangelio del reino, y sanando toda enfermedad y toda dolencia en el pueblo. Y se extendió su fama por toda Siria; y traían a Él todos los que estaban enfermos, afectados con diversas enfermedades y dolores, endemoniados, epilépticos y paralíticos; y Él los sanaba".*

De la misma manera, los discípulos de Jesús y el apóstol Pablo plantaron fe por medio de las señales que manifestaban. De esta manera muchas personas pudieron creer y aceptar el evangelio.

Apolos regó. Una vez que se planta una semilla, esta se debe regar. En este caso, el 'agua' simboliza espiritualmente la Palabra de Dios. Los pastores y líderes deben proveer la Palabra de Dios a los creyentes para que su fe pueda crecer y que así todos juntos puedan trabajar para alcanzar el reino de Dios.

Claro está que, al decir que el apóstol Pablo plantó fe y Apolos ayudó a que esta crezca, no significa que los actos de plantar y regar están separados. Aquel que riega, también puede plantar fe, y el que planta fe, también puede regar. En este caso, tanto Pablo como Apolos plantaron y regaron, pero Pablo principalmente plantó y Apolos regó.

"Así que ni el que planta ni el que riega es algo, sino Dios que da el crecimiento" (3:7).

Una vez que se planta la semilla y se la riega, esto no sirve de nada a menos que crezca por el poder de Dios. Es gracias al poder de Dios que una semilla que se planta brota y crece.

Así también en el espíritu, por medio de Sus ministros, Dios planta fe y riega a las personas para que obedezcan Su Palabra y lleven vidas bendecidas. Sin embargo, ni el que planta ni el que riega son algo.

Dios es el único que da el crecimiento. El apóstol Pablo plantó y Apolos regó, pero esto no habría servido en absoluto si Dios no hubiera dado el crecimiento. Por ende, tanto el que planta como el que riega, deben darle la gloria a Dios.

> "Ahora bien, el que planta y el que riega son una misma cosa, pero cada uno recibirá su propia recompensa conforme a su propia labor" (3:8).

Aquel que planta y el que riega son uno porque ambos son obreros de Dios. Si la semilla no se planta adecuadamente, el riego no servirá en absoluto. Únicamente cuando los ministros trabajan juntos y plantan y riegan de modo adecuado, todo se hará por medio de la gracia.

Es por eso que dice: "Ahora bien, el que planta y el que riega son una misma cosa, pero cada uno recibirá su propia recompensa conforme a su propia labor". Cada uno tiene un vaso distinto; algunos muestras señales, otros predican y otros proveen cuidado espiritual a los creyentes, alaban a Dios o hacen obras voluntarias. Cada uno recibirá su propia recompensa de acuerdo a sus obras.

No todos los pastores van a recibir únicamente grandes recompensas, sino que estas se otorgarán de acuerdo a cuán bien se han santificado y han cumplido su labor y no del título solamente.

Los estudiantes quizás piensen: "Yo soy estudiante, y lo único que debo hacer es estudiar. ¿Cómo puedo entonces obtener recompensas en el reino de Dios? Este pensamiento no tiene fundamento. Dios también les dio una tarea a los estudiantes; la de orar y adorar a Dios y estudiar bien para glorificar a Dios. Así también, si emanan la fragancia de Cristo en todo lugar y se hacen ganadores del aprecio de los demás al respetar a sus padres, estas cosas se convertirán en sus recompensas.

Ya que los niños también tienen sus tareas, también tienen recompensas en el reino de los cielos. Sus tareas comprenden su asistencia a los servicios de adoración sin llorar, además de orar y no causar dificultades. Por esta razón, las recompensas de los niños serán distintas según la manera en que los padres los eduquen en la fe.

Aun los pastores pueden enfrentar un juicio más severo si no cumplen con su tarea de cuidar de las almas que les han sido confiadas. Es por esto que Santiago 3:1 dice: *"Hermanos míos, no os hagáis maestros muchos de vosotros, sabiendo que recibiremos un juicio más severo"*.

"Porque nosotros somos colaboradores en la labor de Dios, y ustedes son el campo de cultivo de Dios, el

edificio de Dios" (3:9 NBLH).

Colaboradores son aquellos que trabajan juntos para cumplir una misma labor. El apóstol Pablo y Apolos fueron colaboradores ya que trabajaron juntos para la salvación de las almas, plantando y regando, y construyendo el reino de Dios.

Pablo dijo: "...ustedes son el campo de cultivo de Dios". Este 'campo' representa el corazón del hombre. El corazón de aquellos que tienen fe es el campo de Dios, y es por eso que debemos cuidarlo bien.

En Mateo 13, este 'campo' se clasifica en cuatro clases de tierra: buena, espinos, pedregales y la tierra junto al camino. Los hijos de Dios deben hacer que su corazón se convierta en buena tierra.

Pablo dijo también: "y ustedes son ... el edificio de Dios". Aquellos hijos de Dios que han recibido el Espíritu Santo, son el edificio de Dios debido a que el Espíritu Santo habita en ellos.

Es por eso que en 1 Corintios 3:16-17 dice: *"¿No sabéis que sois templo de Dios y que el Espíritu de Dios habita en vosotros? Si alguno destruye el templo de Dios, Dios lo destruirá a él, porque el templo de Dios es santo, y eso es lo que vosotros sois".*

Somos el campo de Dios y su lugar de morada, y como tales debemos ser hombres espirituales, no carnales con celos y llenos de falsedades.

Un sabio arquitecto

"Conforme a la gracia de Dios que me fue dada, yo, como sabio arquitecto, puse el fundamento, y otro edifica sobre él. Pero cada uno tenga cuidado cómo edifica encima" (3:10).

Este parece ser un verso de fácil entendimiento en su significado literal. No obstante, contiene tres significados espirituales importantes. Este tipo de verso es como la Palabra en un cordel de tres hilos.

La interpretación literal del verso constituye el primer hilo. Este corresponde únicamente al apóstol Pablo. Los otros dos hilos nos corresponden a nosotros. Al combinar la parte que corresponde a Pablo, con la que nos corresponde a nosotros, se convierte en un cordel de tres hilos.

Al hablar de "mí", se refiere al apóstol Pablo, cuyo nombre antes de conocer al Señor era Saulo. Él era un judío estricto que causaba gran persecución a aquellos que creían en Jesús.

Él recibió un documento oficial de parte de los sacerdotes para que arrestara a todos los que creían en Jesucristo y los llevara a Jerusalén. En su camino a Damasco, tuvo un encuentro con Jesucristo. En Hechos 9 se explica detalladamente cómo Saúl aceptó al Señor.

Desde el momento en que Saúl conoció al Señor en el camino a Damasco, llegó a amarlo de manera profunda. En Romanos 8:35-39 dice: *"¿Quién nos separará del amor de Cristo? ¿Tribulación, o angustia, o persecución, o hambre, o desnudez, o peligro, o espada? Tal como está escrito: Por causa tuya somos puestos a muerte todo el día; somos considerados como ovejas para el matadero. Pero en todas estas cosas somos más que vencedores por medio de aquel que nos amó. Porque estoy convencido de que ni la muerte, ni la vida, ni ángeles, ni principados, ni lo presente, ni lo por venir, ni los poderes, ni lo alto, ni lo profundo, ni ninguna otra cosa creada nos podrá separar del amor de Dios que es en Cristo Jesús Señor nuestro".*

El apóstol Pablo sabía que el conocimiento de Jesucristo es lo más precioso. De modo comparativo consideró todo lo demás como pérdida y basura. Él se convirtió en un predicador apasionado del evangelio y fue a todo lugar al que Dios deseaba que fuera.

Además él oraba de acuerdo a la voluntad de Dios, y en Hechos 19:12 vemos que cuando los pañuelos y delantales que apenas habían tocado su cuerpo eran llevados a los enfermos, sus enfermedades desaparecían y los espíritus malignos salían de ellos.

El apóstol Pablo fue comisionado como misionero de la iglesia de Antioquía y estableció iglesias en muchas partes; predicó el evangelio en Corinto, Galacia y muchos otros lugares, y abrió muchas iglesias nuevas.

Él puso al frente a un siervo de Dios, o a un obrero, para que pastoreara la iglesia, y dejó el lugar para difundir aún más el evangelio. En ese entonces, él dijo a los que estaban a cargo de las iglesias: "Conforme a la gracia de Dios que me fue dada, yo, como sabio arquitecto, puse el fundamento, y otro edifica sobre él. Pero cada uno tenga cuidado cómo edifica encima".

Pablo era semejante a un sabio arquitecto. Él profesaba y testificaba de Jesucristo de acuerdo a la gracia de Dios y ponía el fundamento. Es aquí que él anima a los pastores en las iglesias a testificar del evangelio de Jesucristo tal como él lo hizo.

Este es el primer hilo del cordel que nos indica la situación del apóstol Pablo en aquel entonces, en relación a la iglesia. El segundo hilo, al igual que el tercer hilo del cordel que nos dicen la voluntad de Dios hoy, son todavía más significativos e importantes.

¿Cuál es el segundo significado de parte de Dios en este verso?

Es que nosotros, los hijos de Dios, debemos construir y continuar la construcción del santuario del corazón con cuidado y diligencia. Cuando abrimos nuestro corazón y aceptamos a Jesucristo, el Espíritu Santo viene a nuestro corazón y llegamos a convertirnos en templo de Dios porque el Espíritu Santo mora en nuestro corazón (1 Corintios 3:16).

¿Cómo se supone que debemos construir el templo de Dios? En el principio, es decir antes de recibir al Espíritu Santo, éramos un templo construido sobre el diablo; no éramos un templo de Dios. Algunos quizás se preguntan por qué digo esto, pero pensemos por un momento acerca de qué tipo de personas éramos antes de recibir al Espíritu Santo.

Nuestra mente fue motivada por Satanás y cometimos obras del diablo; disfrutábamos del acto de ver y escuchar muchos tipos distintos de cosas inmundas, íbamos a lugares impuros, nos agradaba hacer actos de inmundicia, disfrutábamos el hacer cosas en desacuerdo con la verdad, y así, éramos un templo construido sobre el diablo.

Luego, ya que Dios nos dice que seamos santos, con la ayuda del Espíritu Santo, comenzamos a luchar contra el pecado. Nuestro corazón cambia con la verdad, llegamos a pensar en lo verdadero y nuestra voluntad y planes provienen de la verdad. De este modo, destruimos el templo del diablo y construimos el templo de Dios.

Por ejemplo: solíamos odiar, murmurar y tener celos de los demás. Pero luego tratamos de hablar solo Palabras de verdad, alabamos a Dios, oramos y respetamos a los demás. Antes solíamos visitar lugares inmundos, pero luego vamos a la iglesia y nuestros hogares son lugares de comunión con los hermanos en la fe.

Llegamos a ver las cosas buenas y llenas de verdad, dejamos de lado la murmuración o palabras injuriosas provenientes de la envidia, para hablar solo la Palabra de verdad. Nos volvemos deseosos de tener únicamente conversaciones ante Dios con la verdad.

Al ser transformados de este modo, nuestro cuerpo mismo se convierte en un hermoso templo de la verdad, es decir, en un templo de Dios. Si tenemos una mitad llena de la verdad y la otra mitad con falsedad, entonces la mitad de nuestro ser estará controlada por el diablo, lo que significa que hemos construido el templo 'a medias'. Estamos construyendo el templo de Dios en nosotros en la medida en que batallamos contra el pecado y nos despojamos de él, al punto del derramamiento de sangre, para vestirnos con la verdad.

Cuando nos despojamos de todas las cosas que están en contra de la verdad y vivimos según la Palabra de Dios, podemos ser llamados 'hombres espirituales'. Esto significa que hemos construido el templo de Dios en nuestro corazón por completo. Estas personas caminan con Dios y se comunican con Él. Ellas pueden recibir cualquier cosa que pidan y son guiadas en los caminos de la prosperidad ya que se han convertido en templos santos de Dios; todas las persecuciones y pruebas desaparecerán y vivirán bajo la protección de Dios.

El tercer hilo del cordel concierne a la iglesia como un todo. El pastor enseña la Palabra de Dios en cada iglesia. El redil tomará el alimento y crecerá en espíritu. Algunos se convertirán en pilares en el santuario de Dios y otros harán el papel de 'ladrillos', y otros incluso se desenvolverán como pintura, cada uno contribuyendo como parte del templo.

Si lo único que hacen es asistir al servicio, entonces serán como la arena y el cemento. Es por esto que, a los ojos de Dios, cada uno es importante porque desempeña una parte del santuario de Dios, aunque no tengan una posición en la iglesia.

Ya sea que las posiciones se consideren 'superiores' o 'inferiores', o aunque no sean una posición en absoluto, el templo de Dios se puede construir únicamente cuando cada uno hace su parte. Los que son como pilares de apoyo deben cumplir su labor como pilares del templo ya que la estructura colapsaría sin ellos.

Además de los pilares, hay ladrillos y cemento, y la pintura de las paredes. ¡Todo es importante! Si la pintura se pela un poco, se verá fea. El templo de Dios se puede construir de manera hermosa cuando cada uno hace su rol adecuadamente. Estos son los tres hilos del cordel en el verso.

Este dice: "Conforme a la gracia de Dios que me fue dada, yo, como sabio arquitecto, puse el fundamento...".

En este caso, el 'fundamento' se refiere a Jesucristo. Para ser espiritualmente sabio, una persona recibe sabiduría de Dios, no de este mundo ni a través de la educación.

¿Cuál es esta sabiduría que proviene de Dios? Es la de regocijarse siempre, orar sin cesar y dar gracias en toda circunstancia. Es también la sabiduría y voluntad de Dios que vivamos de acuerdo a Su Palabra, que alejemos toda forma de maldad y que lleguemos a ser santificados.

Al igual que un arquitecto sabio, debemos construir en nuestra fundación con la Palabra de la verdad de Jesucristo. Es decir, debemos guardar la Palabra de Dios para convertirnos en personas espirituales.

Para hacer una construcción necesitamos las herramientas y equipos, al igual que los materiales como cemento, ladrillos y madera. ¿Qué necesitamos para construir el templo de Dios?

Necesitamos nuestro 'ser'; es decir, debemos contar con nuestro corazón, mente y alma. Luego debemos llenar cada una de estas con la Palabra de verdad. Asimismo, podemos construir el templo solo cuando el Espíritu Santo haga Su obra en calidad de 'equipo' necesario para la construcción.

¿Qué materiales necesitamos para construir nuestro templo? Cuando cantamos alabanzas nos llenamos de fe, gracia y amor por Dios. Por medio de las oraciones podemos recibir la ayuda del Espíritu Santo para vencer al mundo y alejarnos de lo que está en contra de la verdad. Guardar la Palabra de Dios, alabarlo y orar se convierten en los materiales para construir el templo de Dios.

El verso 10 continúa diciendo: "...y otro edifica sobre él. Pero cada uno tenga cuidado cómo edifica encima".

Supongamos que el pastor de la iglesia, al igual que Pablo, el arquitecto sabio, está enseñando la Palabra de Dios en la fundación de Jesucristo. Sus copastores y obreros también se volverán sabios para guiar al redil hacia la verdad y de este modo tendrán un templo, un santuario de Dios en el sentido del cordel de tres hilos.

Consideremos ahora otra situación. Supongamos que el pastor enseña bien con la Palabra de Dios, pero otros pastores en la iglesia usan sus propios pensamientos al alimentar al redil. Esto es semejante a construir una casa sobre la arena. Aunque las bases sean muy fuertes, si construimos el primer piso con arena y le añadimos un segundo piso, la construcción colapsará.

La persona que está construyendo sobre estas bases también es importante. Por consiguiente, los obreros en la iglesia, al igual que el pastor, deben recibir la Palabra de manera adecuada y construir el templo, o este será solo un templo construido sobre arena.

No debemos construir el templo, el santuario de Dios, con pensamientos humanos. Debemos escuchar claramente la voz del Espíritu Santo para poder construir el templo completo.

"Pues nadie puede poner otro fundamento que el que ya está puesto, el cual es Jesucristo" (3:11).

Luego de poner el fundamento de Jesucristo, la roca, no debemos añadir ningún otro fundamento; por esto el verso 10 nos dice que seamos cuidadosos. Es decir, no debemos añadir ningún conocimiento humano o cualquier otro contenido que esté basado en las teorías humanas. Podremos construir el completo templo de Dios solo cuando lo hagamos sobre Jesucristo, la Roca de la verdad.

La obra de cada uno

"Ahora bien, si sobre el fundamento alguno edifica con oro, plata, piedras preciosas, madera, heno, paja..." (3:12).

La fundación, como expliqué antes, se refiere al Señor. Los hombres construyen su templo sobre la fundación que es Jesucristo. Algunos lo construyen con oro, otros con plata, otros con piedras preciosas, e incluso con madera, heno o paja.

El oro no presenta ninguna reacción química ante ninguna otra substancia, por lo que mantiene su brillo y, como elemento, no sufre transformaciones. Se lo puede usar para varios propósitos ya que se lo puede moldear de varias maneras.

Claro está que algunos quizás piensen que las piedras preciosas son más preciadas que el oro. Sin embargo, las piedras preciosas no pueden ser usadas para múltiples propósitos al igual que el oro. Los diamantes, zafiros, esmeraldas y otras piedras preciosas quizás tengan un color y brillo hermoso, pero pierden su valor una vez que se rompen. La plata tiene un valor mucho menor y menos hermoso que el oro. Dios considera el oro como lo más valioso, luego está la plata y luego las piedras preciosas según sus usos.

En Apocalipsis 4:2-3 leemos: *"Al instante estaba yo en el Espíritu, y vi un trono colocado en el cielo, y a uno sentado en el trono. Y el que estaba sentado era de aspecto semejante a una piedra de jaspe y sardio..."*. Compara la imagen de Dios con un jaspe y un sardio. Esta es únicamente una comparación para expresar la belleza de Dios. En el verso anterior, lo más valioso es el oro, luego la plata y luego las piedras preciosas.

Después de los metales y las piedras preciosas aparece la madera, el heno y por último la paja. Pablo comparó nuestra fe con el oro, la plata, las piedras preciosas, la madera, el heno y, por último, con la paja.

> **"...la obra de cada uno se hará evidente; porque el día la dará a conocer, pues con fuego será revelada; el fuego mismo probará la calidad de la obra de cada uno" (3:13).**

¿A qué se refiere cuando expresa 'la obra de cada uno'?

En este caso, 'la obra de cada uno' es lo que cada uno hace con el corazón, mente y fuerzas para darle a Dios. Nuestra fe se puede clasificar en seis tipos de acuerdo a la clase de corazón, mente y alma que le hemos dado a Dios, y a cuánto hemos vivido de acuerdo a Su Palabra. Algunos tienen la fe de oro.

Otros tienen fe de plata, que es un poco menor a la fe de oro. Y otros tienen la fe de piedras preciosas, madera, heno o paja.

La profundidad y magnitud de la fe son distintas entre la fe de oro y la de paja. A través de la fe que es semejante a la fe de heno, tenemos la fe suficiente para alcanzar la salvación. No obstante, si tenemos la fe de paja, no podremos recibir salvación.

¿A qué se refiere al hablar del "día"?

Nuestras obras se harán evidentes en "el día" de acuerdo a lo que hemos hecho. ¿A qué "día" se está refiriendo, entonces?

Primero: el día de la evaluación de cuán bien hemos hecho nuestra labor

Este es el final de cada año. Cuando tenemos una responsabilidad que cumplir en la iglesia, algunos producen fruto abundante al final del año mientras que otros no producen mucho.

Al final del año podemos ver claramente cuánto ha ayunado y orado una persona, cuánto tiempo ha ofrecido y su apoyo económico, y cuánto amor a dado a los demás por el reino y la justicia de Dios. Cuando nuestras obras se hagan evidentes, recibiremos las recompensas en el reino de los Cielos.

Supongamos que un pastor ha orado mucho y ha provisto cuidado espiritual a los miembros de la iglesia, pero al final del año en realidad no hay obras que se hacen evidentes. Él se esforzó mucho, pero de hecho, permaneció en el mismo estado que hace un año atrás. En consecuencia, no obtiene ningún reconocimiento ni recompensa de parte de Dios.

Un miembro laico puede pensar: "Ya que los pastores hacen la obra del Señor todo el día, almacenan sus recompensas, pero los obreros laicos probablemente tenemos pocas recompensas en el cielo…". No obstante, esto no es correcto. Cuando los pastores no demuestran ninguna obra que puede ser reconocida por Dios, no reciben ninguna recompensa. Es su tarea llevar las almas a la salvación y cuidar de ellas, y por eso, deben mostrar una evidencia muy clara de su trabajo.

No obstante, ya sea que se trate de estudiantes que se encargan de estudiar, o comerciantes que se encargan de sus negocios, los miembros laicos que tienen fe pueden hacer todo lo que hacen para la gloria de Dios. Incluso cuando amplían sus conocimientos o trabajan para obtener riquezas y fama, pueden hacerlo para glorificar a Dios. Se esfuerzan mucho en sus negocios y lugares de trabajo, y luego usan sus ingresos para hacer y apoyar la obra misionera y las obras de caridad para el reino de Dios.

Por consiguiente, Dios también evalúa las obras de los miembros laicos que tienen trabajos seculares. Si cumplen con su labor con fidelidad como miembros laicos y dan honra a Dios en sus vidas, esto significa que sus obras se revelan claramente ante los ojos de Dios, y así, pueden recibir recompensas. Dios examina a todo individuo y mide con precisión en Su justicia. Él elogia las obras de aquellos que muestran las obras de oro, plata y madera.

Segundo: 'el día' hace referencia al tiempo de las pruebas de fuego

Cuando enfrentamos persecuciones y pruebas, mostramos nuestra fe ante Dios. Algunos muestran la fe de oro, otros la fe de plata, y otros la fe de piedras preciosas o incluso de madera, heno o paja.

¿Qué pasa si una persona que tiene fe de oro enfrenta una gran prueba? Jamás será sacudido ni caerá, incluso si enfrenta grandes problemas. Aunque el oro se rompa en pedazos, podemos moldearlo a su forma original otra vez. Los que tienen esta fe se levantarán nuevamente en medio de las dificultades, aunque parezca por un momento que han caído. No se quejarán contra Dios frente a ninguna situación, sino que se regocijarán y le darán gracias.

¿Quiénes fueron algunos de los personajes en la Biblia quienes tuvieron la fe de oro?

Pedro, el discípulo de Jesús, mantuvo su rectitud ante Dios. Incluso mientras era crucificado boca abajo, él predicó el evangelio de Jesucristo. Claro está que en algún momento negó al Señor tres veces, pero esto ocurrió antes de que recibiera al Espíritu Santo. Pero desde el momento que recibió el Espíritu Santo, fue fiel hasta la muerte.

Consideremos también la fe de la virgen María, quien

concibió a Jesús por el Espíritu Santo. En Lucas 1:31-33 leemos: *"Y he aquí, concebirás en tu seno y darás a luz un hijo, y le pondrás por nombre Jesús. Este será grande y será llamado Hijo del Altísimo; y el Señor Dios le dará el trono de su padre David; y reinará sobre la casa de Jacob para siempre, y su reino no tendrá fin"*.

Esto es lo que el arcángel Gabriel le dijo a la virgen María respecto al nacimiento de Jesús. A esto, ella respondió: *"He aquí la sierva del Señor; hágase conmigo conforme a tu palabra. Y el ángel se fue de su presencia"* (v. 38).

De acuerdo a la Ley, una persona debía ser apedreada si se descubría que había cometido adulterio. Si María resultaba embarazada, la gente la habría juzgado de cometer adulterio. No obstante, María no tuvo temor; simplemente obedeció. Ella tuvo la fe de oro.

El apóstol Pablo también tuvo un corazón inmutable. Desde el momento que tuvo un encuentro con el Señor, él predicó el evangelio a los gentiles hasta su muerte.

En Hechos 16:25, dice: *"Como a medianoche, Pablo y Silas oraban y cantaban himnos a Dios, y los presos los escuchaban"*. Él estaba encarcelado por predicar el evangelio, pero no se quejó contra Dios, sino que únicamente alabó y oró.

Él se regocijó y dio gracias incluso al enfrentar duros sufrimientos, y ya que tenía la fe de oro, pudo servir al Señor sin escatimar ni siquiera su vida.

Los que tienen fe de plata tienen fe que es tan solo un poco menor que los que tienen fe de oro, pero estos también tienen una fe muy grande.

Ahora, ¿qué se puede decir de los que tienen fe de piedras preciosas? Cuando las personas están llenas de la gracia de Dios o cuando son sanadas de una enfermedad mediante el poder de Dios, quizás decidan dedicar sus vidas a Dios y predicar el evangelio con diligencia. Las personas posiblemente digan que desean vivir solo para Dios cuando sus oraciones han sido respondidas.

Cuando estas personas con la fe de piedras preciosas hacen lo que profesan, aparentan tener la fe de oro, pero en realidad no la tienen. Cuando enfrentan pruebas, su corazón y mente cambia. Aparentan tener fe cuando están llenos del Espíritu Santo, pero cuando esa llenura llega a su fin, su fe se desvanece y su corazón cambia. Esta es la fe semejante a la de piedras preciosas que a veces se ve hermosa, pero puede quebrantarse. ¿Qué se puede decir respecto a la fe de madera, heno o paja? Estos tres tipos de fe no sirven porque todos serán consumidos con las duras pruebas de refinamiento.

Tercero: en la Segunda Venida del Señor, los creyentes serán tomados en el aire y luego habrá un 'día' de juicio final en el que los creyentes recibirán sus recompensas justas de parte de Dios. En este día final del juicio de Dios está inmerso el tercer significado de 'el día'.

Durante este Día de Juicio, Dios medirá con exactitud cuán fieles y santificados hemos sido durante la vida en este mundo, y nos recompensará de acuerdo al resultado del juicio.

"Si permanece la obra de alguno que ha edificado sobre el fundamento, recibirá recompensa" (3:14).

La fe de oro, plata y piedras preciosas tendrá algo que permanece después de las pruebas del fuego del refinamiento. Sus usos y dureza son distintos, pero el oro, plata y piedras preciosas no se queman con el fuego. El más inmutable y perdurable entre los tres es el oro, luego está la plata y después las piedras preciosas.

Pero a diferencia del oro, la plata y las piedras preciosas, la madera, el heno y la paja se quemarán con el fuego en las pruebas duras. Los que tienen lo que ha permanecido de sus obras, al igual que el oro, plata y las piedras preciosas, recibirán recompensas. La fe que es menor no recibirá recompensa alguna.

Si cumplen sus responsabilidades en este mundo, recibirán recompensas de reconocimiento por su trabajo. Aunque no reciban nada en este mundo, serán reconocidos por Dios y sus hermanos en la fe. Asimismo, tendrán recompensas almacenadas en el Cielo.

Si mostramos la fe de oro, plata y piedras preciosas en las persecuciones y pruebas, significa que hemos pasado las pruebas y Dios no solo nos bendecirá sino que también nos dará recompensas en el Juicio Final. Recibiremos las recompensas de acuerdo a lo que ha permanecido de nuestra obra después de las pruebas.

"Si la obra de alguno es consumida por el fuego, sufrirá pérdida; sin embargo, él será salvo, aunque así como por fuego" (3:15).

A la fe como de madera, heno o paja quizás no le quede nada después de ser refinada en fuego. Por ejemplo: usted quizá se ha esforzado mucho como un líder de célula, pero no tuvo fruto ni ningún avivamiento en el grupo. Esto sugiere que el carácter de su fe no fue suficientemente firme; es decir, su fe fue tibia.

En Apocalipsis 3:15-16 el Señor reprendió a la iglesia de Laodicea por tener fe tibia. Nuestro Señor desea que nuestra fe se haga más caliente día tras día a fin de producir mucho fruto.

¿Qué nos dice la Biblia acerca de aquellos que son tibios y que no cumplen con sus responsabilidades? En Mateo 25:15-30 se registra la parábola de los talentos. Cuando aquel que recibió cinco talentos produjo cinco talentos más, el mayordomo lo elogió diciendo: *"Bien, siervo bueno y fiel; en lo poco fuiste fiel, sobre mucho te pondré; entra en el gozo de tu señor"* (verso 21).

Pero el que recibió un talento simplemente lo escondió y no hizo nada con él. El mayordomo le dijo: "Siervo malo y perezoso..."; tomó el talento y se lo dio a aquel que tenía diez y luego lo echó fuera. Como está escrito: "Si la obra de alguno es consumida por el fuego, sufrirá pérdida..."; ésta persona sufrió la pérdida.

Si no hacemos un esfuerzo concertado de almacenar nuestra obra para Dios, será una pérdida para Su reino. Si el líder de una célula no cumple con sus responsabilidades, los miembros de la célula sufrirán una pérdida; sus almas no prosperarán y no podrán evitar las pruebas.

De igual modo, si el pastor no hace su labor, entonces toda la congregación sufrirá la pérdida; su fe se debilitará y algunos tropezarán en la fe o enfrentarán muchas persecuciones y pruebas.

Si esto ocurre, Dios no tiene otra opción más que reprenderlos. Posiblemente aún alcancen salvación, pero será por medio del fuego del refinamiento, lo que significa que todavía alcanzarán la salvación porque no han perdido la fe y han trabajado para Dios, pero será con dificultad. Únicamente podrán recibir salvación vergonzosa (poco honrosa) sin ninguna recompensa.

Destruir el templo de Dios

"¿No sabéis que sois templo de Dios y que el Espíritu de Dios habita en vosotros?" (3:16)

Al referirse a 'ustedes' en este verso, no solo se trata de los creyentes en la iglesia de Corinto sino también de todos los hijos de Dios. ¿Es usted un templo de Dios? ¿Ha recibido el Espíritu Santo?

El templo de Dios es el cuerpo del Señor. El Espíritu Santo habita en el corazón de aquellos que han aceptado a Jesucristo como su Salvador y motiva nuestro corazón para vivir en la verdad y nos guía al reino de los Cielos. Somos llamados 'templo de Dios' porque el Espíritu Santo habita en nosotros.

Pablo los reprimió diciendo: "¿No sabéis que sois templo de Dios y que el Espíritu de Dios habita en vosotros?" ¿Por qué lo hizo?

El apóstol Pablo enseñó a los miembros de la iglesia de Corinto que no se convirtieran en personas carnales sino espirituales, que son aquellos que comprenden la Palabra de la verdad, la guardan en mente y la ponen en práctica. Estos son los que oran, alaban y ponen en práctica la verdad de acuerdo a la Palabra de Dios.

Podremos tener la fe de oro si alejamos toda forma de maldad y hacemos el bien, sin vivir una mentira al seguir la Palabra; nuestra fe debería ser por lo menos como la fe de piedras preciosas. No obstante, los miembros de la iglesia de Corinto no tuvieron esta fe, y por eso Pablo los reprendió.

"Si alguno destruye el templo de Dios, Dios lo destruirá a él, porque el templo de Dios es santo, y eso es lo que vosotros sois" (3:17).

Pablo dice: "Si alguno destruye el templo de Dios, Dios lo destruirá a él...". Este verso abarca a todos los creyentes. Los no creyentes no tienen relación alguna con Dios; pues son hijos del diablo. No debemos involucrarlos a ellos ya que no se relacionan en absoluto con la salvación.

Actualmente muchas personas no enseñan correctamente este verso de la Palabra de Dios expresado con tanta claridad. Algunos dicen: "Recibiremos salvación una vez que recibamos al Espíritu Santo. Una vez que alcanzamos la salvación, seremos siempre salvos. Por tanto, aunque caigamos en pecado, de todas maneras seremos salvos porque Dios nos guiará de alguna manera, aun mediante el castigo, para que recibamos salvación". ¡Esto es incorrecto! Aunque hayamos recibido el Espíritu Santo, si cometemos pecados de manera voluntaria, el Espíritu Santo se extinguirá, en cuyo caso el alma no puede ser salva (Hebreos 10:26; 1 Tesalonicenses 5:19).

¿Qué significa destruir el templo de Dios? El templo es el lugar donde Dios tiene Su trono, por tanto, se refiere a profanar nuestro corazón en el que habita el Espíritu Santo.

¿Dónde está nuestro corazón? Tenemos un cuerpo espiritual dentro de nosotros que es idéntico a nosotros, y nuestro 'corazón' es todo este cuerpo espiritual. En el corazón tenemos consciencia, que es el estándar de juicio que uno forma por un período de tiempo. Es la base sobre la que determinamos lo correcto e incorrecto.

Un bebé recién nacido no tiene consciencia. Nadie le diría a un bebé que ha llorado toda la noche: "¿Qué te ocurre? ¿Acaso no tienes consciencia?" Mientras crecen, los niños plantan en su corazón lo que ven, escuchan, aprenden y comprenden. Estas cosas se acumulan y se convierten en su consciencia y estándar de juicio.

Si aprenden que es más varonil devolver el golpe cuando han sido golpeados por alguien, entonces esto se convertirá en su estándar al juzgar el valor de recurrir a esto ante tal situación. Pero muchas partes de esta consciencia no son correctas de acuerdo a la Palabra de Dios.

Por lo tanto, todo lo que hemos puesto en nuestro corazón y que está en contra de la verdad, debe ser alejado y debemos plantar la Palabra de Dios en nosotros en lugar de esas falsedades. Debemos despojarnos de las falsedades como la mentira, el odio, el juicio y la condenación para ir tras la verdad.

Cuando nos abstenemos de la falsedad y seguimos la verdad, nuestro corazón que es el templo de Dios, quedará limpio. Si no lo hacemos, el mal permanecerá en nosotros, y Dios dice que pereceremos porque estaremos inmundos.

Pero no debemos pensar que pereceremos porque todavía tenemos pecados que no hemos podido alejar. Quizás aún tengamos pecados en nuestro corazón, pero si continuamente tratamos de abstenernos y alejarnos de nosotros, Dios se sentirá complacido con ello.

Por ejemplo: supongamos que hay una persona con muy mal carácter, quien escucha la Palabra de verdad, comprende que es un pecados y, por medio de la oración, reduce los momentos de ira. Dios no dirá que es un pecador, sino que creerá que esta persona se esfuerza por cambiar y llegar a ser alguien que jamás se enoja.

Por el contrario, si alguien no se abstiene de su mal temperamento, aun sabiendo que es pecado, Dios alejará Su rostro de esa persona. Esto demuestra que no se tiene fe. Si uno cree en realidad, definitivamente luchará contra el pecado, absteniéndose y alejándose de él.

Sucede lo mismo con el odio, la envidia, los celos, las disensiones y el juicio. Al descubrir las cosas que no están bien delante de Dios y al esforzarnos por despojarnos de ellas mediante la oración ferviente, nuestro corazón, que es el templo del Espíritu Santo, se tornará santo y brillaremos con la verdad.

La sabiduría del mundo es necedad

"Nadie se engañe a sí mismo. Si alguno de vosotros se cree sabio según este mundo, hágase necio a fin de llegar a ser sabio" (3:18).

Dios nos advierte que no nos engañemos a nosotros mismos. Engañarse a sí mismo es engañar el corazón, y esto es tratar de engañar al Espíritu Santo en nosotros, que es lo mismo que tratar de engañar a Dios.

¿Qué significa 'engañarse a sí mismo'? Significa conocer la Palabra de Dios pero no ponerla en práctica. Las personas que se engañan a sí mismas en realidad están tratando de engañar a Dios. Ellas no sienten gozo al intentar vivir sus vidas en la fe y son incapaces de sentir que la Palabra de Dios es dulce como la miel. Simplemente asisten a la iglesia con una vaga esperanza de llegar a vivir en la verdad algún día.

No obstante, la Biblia nos dice que el Señor regresará pronto, y no sabemos en qué momento Dios tomará nuestro espíritu. No solo debemos esperar algún día ser transformados; debemos tomar la decisión de poner en práctica la Palabra desde el momento que la escuchamos.

El verso continúa diciendo: "Si alguno de vosotros se cree sabio según este mundo, hágase necio a fin de llegar a ser sabio".

Cualquiera que piense que es sabio de acuerdo a la sabiduría de este mundo, es arrogante ante Dios. Estas personas no aceptarán la Palabra de Dios por causa de su arrogancia, y esto las llevará a la destrucción. Ellas no pueden creer en la Palabra de Dios porque ponen su sabiduría antes que la sabiduría de Dios e intentan discernir la Palabra de Dios dentro de sus pensamiento y según su sabiduría. Por eso debemos dejar de lado e incluso destruir este tipo de sabiduría del mundo si entra en conflicto con la sabiduría de Dios.

Como expliqué antes, esto no significa que debemos olvidar el conocimiento que hemos obtenido en este mundo, sino que la sabiduría y el conocimiento no pueden guiarnos al camino de la vida. Solamente el Señor es el camino, la verdad y la vida; el conocimiento de este mundo es simplemente información que necesitamos para continuar nuestras vidas en la Tierra, pero jamás podrá guiarnos al camino de la vida eterna.

El verso nos dice también que nos 'hagamos necios'. Esto significa que debemos abrir nuestro corazón, llegar a ser como niños y poner en práctica la Palabra cuando la recibamos. Debemos tener el corazón humilde, sencillo y puro que tienen los niños. Cuando llegamos a ser niños espirituales de este modo, olvidaremos nuestra propia sabiduría, recibiremos la sabiduría de lo alto y caminamos en el camino de la vida eterna.

Las cosas del mundo perecerán y la sabiduría del mundo no nos podrá llevar a la vida eterna, por lo que el verso dice que es sabio abstenerse de la sabiduría de este mundo que no está en acuerdo con la Palabra de Dios y hacernos 'necios' para vivir según Su Palabra.

> "Porque la sabiduría de este mundo es necedad ante Dios. Pues escrito está: El es el que prende a los sabios en su propia astucia. Y también: El Señor conoce los razonamientos de los sabios, los cuales son inútiles" (3:19-20).

En Lucas 16 vemos a un hombre rico quien disfrutó de su vida celebrando con vestidos coloridos, pero cuando fue al Sepulcro bajo (al Hades) tras su muerte, sufrió en las llamas y no pudo siquiera conseguir una gota de agua. Quizás él pareció ser una persona sabia mientras vivía, pero al ir al Sepulcro bajo, ni siquiera logró conseguir una gota de agua. ¡Cuán doloroso es esto! Su vida debía continuar así por siempre. ¡Cuánta necedad en esto!

Los que piensan que son sabios caerán en su propia astucia. Ser astuto significa 'ser experto en el uso de la sutileza y engaños'. Al ser atrapados en su propia astucia, dicen cosas necias como: "¿Dónde está Dios?" Ni siquiera buscan a Dios creyendo en su propia sabiduría, y finalmente van por el camino de la destrucción.

Luego dice: "El Señor conoce los razonamientos de los sabios, los cuales son inútiles". Aunque aprendamos muchas cosas para convertirnos en científicos o médicos, para inventar muchas cosas o ganar grandes fortunas, esto no es nada ante los ojos de Dios.

En Eclesiastés 1:2-3 leemos: *"Vanidad de vanidades, dice el Predicador, vanidad de vanidades, todo es vanidad. ¿Qué provecho recibe el hombre de todo el trabajo con que se afana bajo el sol?"* Y en el verso 14 leemos: *"He visto todas las obras que se han hecho bajo el sol, y he aquí, todo es vanidad y correr tras el viento".*

Aunque hemos obtenido muchas cosas con nuestro esfuerzo y sacrificio, es inútil porque solo el Infierno nos espera si es que no conocemos a Dios. Por otro lado, si tenemos vida en nosotros, glorificaremos a Dios en todas las cosas. Esto no nos será inútil sino que valdrá la pena porque nuestro camino se dirige al eterno reino de los Cielos.

"Así que nadie se jacte en los hombres, porque todo es vuestro..." (3:21).

Dios dice: "Así que nadie se jacte en los hombres...". Los creyentes no tienen nada de qué jactarse, excepto en Cristo. Una persona puede tener gran sabiduría y puede ser muy famosa, pero todo esto es inútil si no tiene vida en él. Es por eso que

Jesús amó a los recaudadores de impuestos y a las rameras en lugar de los sumos sacerdotes y ancianos que tenían sabiduría.

En Mateo 21:31, Jesús habló con sumos sacerdotes y otras personas. Les dijo: *"En verdad os digo que los recaudadores de impuestos y las rameras entran en el reino de Dios antes que vosotros"*.

Los sacerdotes y ancianos no podían recibir la Palabra porque eran arrogantes y tenían orgullo de sí mismos pensando que poseían sabiduría. Ni siquiera pudieron reconocer al Salvador cuando estuvo frente a ellos. Por otro lado, los recaudadores de impuestos y las rameras reconocían sus pecados, se arrepentían y recibían salvación. Por consiguiente, jactarse no sirve de nada, y si lo hacemos, es únicamente en el Señor.

El verso dice también: "porque todo es vuestro...". Todas las cosas pertenecen a Dios, y también a nosotros porque Él es nuestro Padre. Dios nos dará todas las cosas cuando estas se recobren.

Si la verdad habita en una persona y su alma es próspera, todas las cosas le pertenecerán en este mundo también. Esto se debe a que todas las cosas se darán como lo desea en su corazón, tal como lo dice Salmos 37:4: *"Pon tu delicia en el Señor, y El te dará las peticiones de tu corazón"*. Dios nos considera como Su templo. Por lo tanto, si nos asemejamos a Él al tener un templo santo y limpio en nosotros, entonces todas las cosas nos pertenecen.

"...ya sea Pablo, o Apolos, o Cefas, o el mundo, o la

vida, o la muerte, o lo presente, o lo por venir, todo es vuestro, y vosotros de Cristo, y Cristo de Dios" (3:22-23).

Pablo, Apolos y Cefas, más conocido como Pedro, fueron siervos de Dios. Ya que todos fueron siervos, no fue necesario ninguna división entre los creyentes. Además el mundo nos pertenece porque pertenece a Dios el Padre. Así también, la muerte está en nosotros porque todos los cuerpos mueren una vez.

En lo espiritual, vamos por el camino de la vida al creer en Jesucristo. Si abandonamos a Dios, la muerte vendrá a nosotros una vez más. Por tanto, la vida o la muerte dependen de nosotros y nos pertenecen. Las cosas presentes o las por venir también nos pertenecen.

El verso dice también que nosotros pertenecemos a Cristo, y Cristo pertenece a Dios. Todo es creado por Jesucristo (Colosenses 1:16). Cuando pertenecemos a Jesucristo y Él pertenece a Dios, entonces todos los creyentes pertenecen a Dios porque todas las cosas pertenecen a Dios, y ellas también nos pertenecen.

Capítulo 4

SED IMITADORES MÍOS

— Requisitos de los siervos que son administradores
— ¿De qué manera es justificado un hombre?
— No sobrepasar lo que está escrito
— Sed imitadores míos
— Poder y habilidad a través del Reino de Dios

La sabiduría del mundo es necedad

"Que todo hombre nos considere de esta manera: como servidores de Cristo y administradores de los misterios de Dios. Ahora bien, además se requiere de los administradores que cada uno sea hallado fiel" (4:1-2).

En este verso, el término 'hombre' se refiere tanto a creyentes como a no creyentes. ¿Quiénes son los siervos de Cristo? En primer lugar son aquellos que emanan la fragancia de Cristo como Sus siervos y como administradores de los misterios de Dios.

Asimismo, cualquiera que tenga una labor o posición en la iglesia, es un siervo de Cristo. Sin embargo, aun aquellos que no tienen una posición o cargo en la iglesia, tienen una tarea como hijos de Dios, y también deben emanar la fragancia de Cristo.

¿Quiénes son los administradores de los misterios de Dios? En este caso, los 'misterios' constituyen el camino de la cruz. En 1 Corintios 2:7 leemos: *"...sino que hablamos sabiduría de*

Dios en misterio, la sabiduría oculta que, desde antes de los siglos, Dios predestinó para nuestra gloria". La cruz fue un misterio porque se la ocultó desde antes de los tiempos.

Adán fue creado como un espíritu viviente, pero su espíritu murió por causa de su desobediencia. Desde ese entonces, toda la humanidad fue destinada a la muerte, que es la paga del pecado. No obstante, el Dios de amor preparó a Jesucristo antes de los tiempos y abrió el camino de salvación.

Este misterio se reveló en la cruz por medio de Jesucristo hace aproximadamente dos mil años atrás. La Biblia tiene muchos secretos que nos llevan al camino de la vida. Los que comprenden estos secretos, son conocidos como 'administradores de los misterios de Dios'.

En el verso 2, los 'administradores' son justamente los 'administradores de los misterios de Dios'. Al aprender la Palabra de Dios, entienden y comprenden la orden del Señor que nos dice que prediquemos el evangelio a todas las naciones y pueblos. También toman parte y contribuyen como maestros de la Escuela Dominical, miembros del coro, diáconos, diaconisas y ancianos.

De este modo, no solo debemos cumplir la labor de predicar, sino también las labores en la iglesia. Dios promete que Él dará la corona de vida a aquellos que son fieles hasta la muerte (Apocalipsis 2:10).

Ser fiel es entregar nuestro corazón, mente y alma, e incluso nuestra vida misma, para cumplir con nuestra labor. Cuando un obrero que recibe sueldo hace su trabajo, no podemos decir que es fiel. Podremos decir que es fiel únicamente cuando haga más de lo que debe hacer, sin escatimar tiempo y dinero.

¿De qué manera es justificado un hombre?

"En cuanto a mí, es de poca importancia que yo sea juzgado por vosotros, o por cualquier tribunal humano; de hecho, ni aun yo me juzgo a mí mismo. Porque no estoy consciente de nada en contra mía; mas no por eso estoy sin culpa, pues el que me juzga es el Señor" (4:3-4).

Si alguien lo examina y juzga, ¿es esto algo importante o insignificante? Si alguien lo juzga, significa que está quebrantando la Palabra de Dios; aquella es una mala persona. Un hombre de la verdad obedecerá la Palabra de Dios y no juzgará ni condenará, y tampoco criticará a los demás.

Una persona mala quizás lo juzgue aunque usted esté viviendo de acuerdo a la Palabra de Dios, pero esto, a usted, le será de poca importancia. Dios no lo considera un pecador porque usted no quebrantó la verdad. Satanás tampoco puede acusarlo. Usted no tiene nada de qué arrepentirse.

Pero entonces, ¿por qué el apóstol Pablo dijo que era 'de poca importancia', en lugar de decir que 'es nada'?

Lucas 6:27-28 dice: *"Pero a vosotros los que oís, os digo: amad a vuestros enemigos; haced bien a los que os aborrecen; bendecid a los que os maldicen; orad por los que os vituperan"*.

Para usted será algo 'de poca importancia' porque no se presentará ninguna acusación en su contra, pero el acusador que lo juzgó actuó con maldad. Aun así, usted necesita orar por esa persona con amor para que no vaya por el camino de la destrucción. Pablo dijo que era 'de poca importancia', en lugar de decir que era 'nada', porque él también tuvo que orar por esas personas.

En el verso 4 leemos: "Porque no estoy consciente de nada en contra mía; mas no por eso estoy sin culpa, pues el que me juzga es el Señor". Si vivimos de acuerdo a la Palabra de Dios, entonces no habrá nada que pueda causar acusaciones contra nosotros. Esto significa que nuestras vidas pasan la evaluación de los Siete Espíritus.

Estos 'siete espíritus' representan el corazón de Dios que examina los siete aspectos de la vida de las personas, que son: fe, gozo, oración, gratitud, guardar de los mandamientos, fidelidad y amor. Los siete espíritus examinan si vivimos de acuerdo a la Palabra, y para recibir la respuesta a nuestras oraciones, debemos pasar la evaluación (Apocalipsis 5:6).

Si vivimos según la Palabra de Dios al ser medidos por los siete espíritus, entonces no estaremos conscientes de nada en contra de nosotros.

Sin embargo, ¿por qué Pablo dice: "...mas no por eso estoy sin culpa"? El hombre puede ser justificado solo por la fe en Jesucristo, lo que ocurre solo por la gracia de Dios (Gálatas 2:16; Romanos 10:10). Romanos 3:23-24 expresa: *"Por cuanto todos pecaron y no alcanzan la gloria de Dios, siendo justificados gratuitamente por su gracia por medio de la redención que es en Cristo Jesús"*.

No podemos ser justificados sin fe, y tampoco podemos ser de gozo para Dios. Aunque ayudemos a los demás y seamos sinceros en nuestro servicio, no podemos recibir ninguna recompensa sin fe.

Solamente Dios puede medir nuestra fe. El hombre juzga por las obras externas y no puede juzgar correctamente. Por ejemplo: quizás piense que alguien tiene gran fe tan solo porque trabaja diligentemente en la iglesia.

Pero si no puede superar una prueba o tribulación sino que regresa al camino del mundo, lo que hizo fue sin fe. Si en realidad hubiera tenido fe, no podría abandonar a Dios sino que produciría el fruto de acuerdo a esa fe. El hombre asimismo juzga solo por las cosas que se pueden ver, y no puede hacer los juicios adecuados. Solamente Dios puede juzgar de manera precisa el corazón.

Además el hombre emite juicios erróneos porque juzga con

la sabiduría y los valores de este mundo que está en contra de la verdad. Esto es igual a medir algo con un metro roto o una balanza inexacta. Solamente Dios mide con precisión ya que Él examina el corazón con el estándar de la verdad. Y dice: "...pues el que me juzga es el Señor"; únicamente el Señor y Dios pueden examinar de manera justa y correcta.

> **"Por tanto, no juzguéis antes de tiempo, sino esperad hasta que el Señor venga, el cual sacará a la luz las cosas ocultas en las tinieblas y también pondrá de manifiesto los designios de los corazones; y entonces cada uno recibirá su alabanza de parte de Dios" (4:5).**

Al decir "antes de tiempo...hasta que el Señor venga" se refiere al tiempo de la Segunda Venida del Señor en el aire. Las "cosas ocultas en las tinieblas" son pecados y cosas en contra de la verdad. Todas estas cosas se revelarán cuando venga el Señor en el aire. Los que están en las tinieblas no serán arrebatados al aire. Asimismo, entre aquellos que serán arrebatados al aire, la santidad e inocencia del corazón de cada uno se revelará claramente ante el Señor.

¿Qué son "los designios de los corazones"? Esto se refiere al designio del corazón del Señor, el cual es la verdad. Cuando el Señor regrese en el aire, cada uno recibirá su alabanza de parte de Dios de acuerdo a sus acciones. Seremos alabados de acuerdo a cuánto hemos amado a Dios, a cuán fieles hemos sido y a cuánto hemos predicado el evangelio y orado.

Lo que el verso dice es que no juzguemos hasta que el Señor venga. Las iglesias enfrentan pruebas porque los miembros se juzgan entre sí y sienten celos. La Biblia nos dice muchas veces que no es correcto juzgar a nuestros hermanos.

No sobrepasar lo que está escrito

"Esto, hermanos, lo he aplicado en sentido figurado a mí mismo y a Apolos por amor a vosotros, para que en nosotros aprendáis a no sobrepasar lo que está escrito, para que ninguno de vosotros se vuelva arrogante a favor del uno contra el otro" (4:6).

Los apóstoles Pablo y Apolos enseñaron la Palabra de Dios y se dieron a sí mismos como ejemplo. Solo la Palabra de Dios es la verdadera voluntad de Dios, y ellos no quisieron que nadie fuera engañado por otros libros o enseñanzas falsas.

¿Qué fue específicamente lo que Pablo y Apolos enseñaron a los creyentes? Les enseñaron que Jesús vino para solucionar los problemas de nuestros pecados y llevarnos por el camino de la vida eterna y la salvación. Hicieron énfasis en que los hijos de Dios que creían en esto debían vivir una vida santa en acuerdo con la Palabra para recibir salvación.

Sin embargo, algunas personas se oponían a esta enseñanza.

Oponerse a Dios es no vivir en la verdad e ir tras ideas personales sin tomar en cuenta la Palabra de Dios.

Debemos guardar el Día del Señor como un día santo, pero algunos piensan que pueden hacer lo que deseen los domingos después de ir al servicio matutino solamente. La Biblia nos dice que clamemos en oración, pero hay quienes piensan que orar en silencio es mejor que clamar.

Cuando David quebrantó la Palabra de Dios, el profeta lo reprendió diciendo que había despreciado la Palabra del Señor. Si nosotros hacemos lo que queremos de acuerdo a nuestra propia voluntad, estaremos en oposición a la voluntad de Dios.

Aquel que se opone a Dios es por naturaleza arrogante. Piensa que su conocimiento e ideas son correctas, y se opone a la Palabra de Dios. Se convierte en juez en lugar de Dios, y eso es algo muy arrogante. En Proverbios 16:18 leemos: *"Delante de la destrucción va el orgullo, y delante de la caída, la altivez de espíritu"*.

> **"Porque ¿quién te distingue? ¿Qué tienes que no recibiste? Y si lo recibiste, ¿por qué te jactas como si no lo hubieras recibido? Ya estáis saciados, ya os habéis hecho ricos, ya habéis llegado a reinar sin necesidad de nosotros; y ojalá hubierais llegado a reinar, para que nosotros reinásemos también con vosotros" (4:7-8).**

Pablo pregunta a los creyentes en la iglesia de Corinto quién fue el que los dividió en grupos de Apolos, Pablo, Cefas o Cristo, y quién puso a un miembro de la iglesia en una posición superior o inferior que los demás. En este caso, la 'división' se da con arrogancia. Las disensiones y divisiones son obras de Satanás.

Entonces, ¿qué es lo que Dios dividió? Él dividió el pecado y la justicia, la muerte y la vida eterna, y las tinieblas y la luz. Dios dividió la verdad y la falsedad. Él no dividió a los miembros en sectas de un grupo que sigue una persona y otra que sigue a otra, ni tampoco puso a unos en posiciones más altas que los demás.

En esencia, Pablo dijo a los miembros de la iglesia de Corinto que no siguieron sus enseñanzas: "Les enseñé la verdad. ¿Por qué no la han aprendido? Les enseñé mostrando el ejemplo, pero ustedes actúan como que no han aprendido la verdad".

Y dijo también: "Y si lo recibiste, ¿por qué te jactas como si no lo hubieras recibido?" En este caso Pablo está diciendo que los miembros de la iglesia de Corinto no vivieron con rectitud sino que actuaron igual que la gente del mundo. Les estaba diciendo que estaban recibiendo las obras de Satanás. Con respecto al hecho de que se jactaban, les preguntó cómo podían hacerlo por cosas materiales, cuando los hijos de Dios deben jactarse solo en el Señor, no de las cosas del mundo.

Si nos esforzamos por vivir en la verdad, entonces debemos tener hambre y sed de justicia. Considere cuánta sed podemos llegar a tener cuando sudamos intensamente en un caluroso día de verano. Hay soldados que beben de un pozo en el suelo cuando sienten sed después de sus difíciles sesiones de entrenamiento. No les molesta siquiera si el agua está sucia, pues es intolerable aguantarse la sed.

Además, si estamos sedientos y hambrientos por la verdad, debemos volvernos humildes y servir a los demás. No obstante, los creyentes en la iglesia de Corinto amaron el mundo más que el aprendizaje de la verdad. Fueron arrogantes y se jactaron del conocimiento, las riquezas y la sabiduría del mundo que habían adquirido.

Por tanto, el verso 8 dice: "Ya estáis saciados, ya os habéis hecho ricos, ya habéis llegado a reinar sin necesidad de nosotros...". ¡Cuán arrogantes eran los de Corinto, que pensaron que habían llegado a ser como reyes! No tenían hambre ni sed de justicia con corazón pobre; más bien, estaban saciados y ricos y sus acciones eran contrarias a la verdad.

Hay un orden en la iglesia establecido por Dios. Sin embargo, los miembros de la iglesia de Corinto actuaron como si hubieran sido reyes. Es por eso que Pablo los reprende y les dice que actuaban como si no hubieran recibido ninguna verdad. Si nosotros no tenemos las obras que siguen al acto de escuchar la Palabra, entonces tenemos fe muerta.

¿Cuándo reinaremos como reyes?

Apocalipsis 20:6 dice: *"Bienaventurado y santo es el que tiene parte en la primera resurrección; la muerte segunda no tiene poder sobre éstos sino que serán sacerdotes de Dios y de Cristo, y reinarán con El por mil años".*

Los que han aceptado a Jesucristo como Salvador serán arrebatados en el aire en la Segunda Venida del Señor. Ellos participarán del Banquete de las Bodas en el aire por siete años. Y luego, cuando esto termine, descenderán a la Tierra durante el Reino Milenario para reinar con el Señor.

Pablo, pensando en esto, dijo: "...y ojalá hubierais llegado a reinar, para que nosotros reinásemos también con vosotros". Él advierte a los creyentes de Corinto que no debían actuar como reyes para que lograran alcanzar salvación y reinaran como reyes en el Reino Milenario.

El apóstol Pablo era una persona que vivía en la verdad, conociendo la verdadera voluntad de Dios y comprendiendo claramente el camino de la salvación y la vida eterna. Por consiguiente, Pablo era el que debía actuar como un rey, guiando a los creyentes a vivir en la verdad. No obstante, los miembros de la iglesia de Corinto eran arrogantes y reinaban como reyes, diciendo lo que era justo y correcto.

De este modo dejaban de tener relación alguna con el apóstol Pablo, y es por eso que él les dijo que no reinarían como reyes en el Reino Milenario, si continuaban actuando de ese modo.

Pablo dijo que lo que él estaba enseñando era la verdad, y solo si lo recibían y ponían en práctica podrían ser arrebatados en el aire y reinar en el Reino Milenario.

"Porque pienso que Dios nos ha exhibido a nosotros

los apóstoles en último lugar, como a sentenciados a muerte; porque hemos llegado a ser un espectáculo para el mundo, los ángeles y los hombres" (4:9).

Existen dos tipos de pensamientos: uno es el pensamiento espiritual y el otro es el pensamiento carnal. Cuando la verdad en el corazón de un hombre se usa y se convierte en un pensamiento, este es un pensamiento espiritual. Los que viven de acuerdo a la Palabra de Dios, es decir, los hombres espirituales tendrán pensamientos espirituales de continuo al recibir la inspiración del Espíritu Santo en el corazón. Por otro lado, los que no caminan en la verdad primero usarán la falsedad en el corazón por medio del pensamiento que proviene de Satanás. A esto llamamos pensamiento carnal.

Pablo dijo: "Porque pienso...", y este no es un pensamiento humano sino espiritual. No se trata de su opinión personal sino de la inspiración del Espíritu Santo. En este caso su pensamiento provenía de la verdad.

Un apóstol es un siervo de Dios que está cumpliendo Su voluntad. La Biblia también nos enseña lo que es un siervo verdadero. 1 Reyes 19:21 dice: *"Entonces [Eliseo] se volvió, dejando de seguirle, tomó el par de bueyes y los sacrificó, y con los aparejos de los bueyes coció su carne, y la dio a la gente y ellos comieron. Después se levantó y fue tras Elías, y le servía"*.

¿Qué fue lo que ocurrió con los discípulos de Jesús? Mateo

4:18-22 nos dice que cuando Jesús llamó a Juan y Santiago como Sus discípulos, ellos dejaron el bote, su red e incluso su padre y siguieron a Jesús. En Gálatas 1:16, Pablo dijo que él no había 'consultado con carne ni sangre' cuando Jesús lo llamó como Su discípulo.

Asimismo, un verdadero siervo de Dios tiene que obedecer por completo la Palabra y a Dios, y actuar según Su voluntad para llegar a ser un hombre espiritual santo y santificado. Entonces recibirá poder de Dios.

Asimismo, aunque usted no sea un pastor o ministro, si tan solo va tras la voluntad de Dios por completo, Él lo reconocerá como un apóstol espiritual. Este tipo de personas manifestarán las poderosas obras de Dios. Dos ejemplos de esto son Felipe y Esteban.

Pablo continúa diciendo: "...Dios nos ha exhibido a nosotros los apóstoles en último lugar, como a sentenciados a muerte; porque hemos llegado a ser un espectáculo para el mundo, los ángeles y los hombres".

En la actualidad, cuando se ejecuta un convicto, se le muestra algo de bondad al ofrecerle ropa, cigarros y al preguntarle cuál es su último deseo. No obstante, en el tiempo de las iglesias primitivas, los convictos sentenciados a muerte eran maltratados e incluso torturados. La gente no los trataba de forma humana.

Los hacían presa de leones hambrientos, los despreciaban, escupían y apedreaban. Los apóstoles fueron decapitados o crucificados. Otros fueron atados a cadáveres hasta que ellos también morían mientras olían el mal olor. El dolor y el pesar deben haber sido intensos.

Los apóstoles conocían su final. Sabían que sufrirían una muerte horrible luego de testificar de la resurrección de Jesucristo. Es por esto que Pablo dice: "...Dios nos ha exhibido a nosotros los apóstoles en último lugar, como a sentenciados a muerte; porque hemos llegado a ser un espectáculo para el mundo, los ángeles y los hombres".

¿Quién controla este mundo? Dios lo hace; Él lo controla por medio de Sus ángeles. Por lo tanto, no solo Dios sino también los ángeles sabían en qué momento moriría el apóstol Pablo y los demás discípulos mientras enfrentaban las burlas y malicias.

La gente se burlaría de los apóstoles diciendo: "Tú mostrabas señales y prodigios. ¿Por qué no te salvas de esta miseria?" Pablo también se convirtió en un espectáculo al mundo cuando murió.

¿Qué sintieron Pablo, Pedro y otros apóstoles antes de morir?

Ellos sabían de qué manera morirían. Pedro sabía que sería crucificado al revés. Pablo sabía que sería entregado a los gentiles si iba a Jerusalén. Aun así, él tomó ese camino sin temor porque sabía que era la voluntad de Dios (Hechos 21:7-14).

Dios permitió que esto fuera registrado porque la actitud de aquellos que iban a morir es importante. ¿Qué tipo de sentimientos habrán tenido mientras hacían la obra de Dios y al saber que eso los llevaría a la muerte?

Podemos comprender su corazón a través de la Biblia. Ellos agradecieron y alabaron a Dios incluso mientras eran golpeados, y se regocijaron y alabaron a Dios incluso cuando se convirtieron en presa de leones. Entonces, ¿qué significa este verso? El Señor, en Mateo 5:11-12, dice: *"Bienaventurados seréis cuando os insulten y persigan, y digan todo género de mal contra vosotros falsamente, por causa de mí. Regocijaos y alegraos, porque vuestra recompensa en los cielos es grande, porque así persiguieron a los profetas que fueron antes que vosotros".*

Los apóstoles sabían que este mundo es solo momentáneo y que carece de sentido. Ellos ponían su mirada únicamente en las recompensas del Cielo, y por eso podían regocijarse y alegrarse ante cualquier situación. ¡Esto es fe! ¿Cómo podríamos dejar de regocijarnos al saber que recibiremos más recompensas si somos perseguidos por el nombre del Señor?

Sin embargo, los apóstoles sabían que morirían, así que se sintieron nerviosos con el pasar del tiempo. No significa que tenían temor de la muerte, sino que se desesperaban porque deseaban llevar más almas a la salvación dentro de su limitado tiempo.

Esta es la razón por la que cumplían sus labores con su vida entera, pensando que debían mostrar el Dios vivo a la gente. Debían difundir el evangelio y llegar con la salvación a todas las almas.

¿De qué manera actuó Jesús? Hebreos 12:1-2 dice: *"...corramos con paciencia la carrera que tenemos por delante, puestos los ojos en Jesús, el autor y consumador de la fe, quien por el gozo puesto delante de El soportó la cruz, menospreciando la vergüenza, y se ha sentado a la diestra del trono de Dios".*

Es una vergüenza que el Hijo de Dios, Jesús, haya sido despreciado y que Sus criaturas se hayan burlado de Él hasta crucificarlo. ¿Cuán vergonzoso es que el mayordomo sea azotado y reciba burlas de su propios esclavos?

No obstante, Jesús estuvo dispuesto a tomar la cruz para salvación de nosotros y ahora se sienta a la diestra del trono de Dios. Nosotros también debemos hacer la voluntad de Dios sin pensar en la vergüenza que esta nos puede causar.

Sed imitadores míos

"Nosotros somos necios por amor de Cristo, mas vosotros, prudentes en Cristo; nosotros somos débiles, mas vosotros, fuertes; vosotros sois distinguidos, mas nosotros, sin honra" (4:10).

Cuando dice 'nosotros', se refiere al apóstol Pablo, su compañero de ministerio Apolos, y los siervos de Dios que son reconocidos por Él de igual manera. Además se refiere a todos aquellos que tienen fe para vivir de acuerdo a la voluntad de Dios.

¿Por qué dice Pablo que era un 'necio por amor de Cristo'?

Significa que se veía necio a los ojos de los no creyentes o de aquellos que se supone serían creyentes pero que no vivían según la Palabra de Dios. Por ejemplo: las personas comunes se molestarán si alguien las golpea en la mejilla. Por otro lado, los que tienen fe lo soportarán e intentarán comprender la situación a pesar de ser inocentes. Esto se debe a que la Palabra de Dios nos dice que, cuando seamos abofeteados en una mejilla, demos la otra. De este modo, parecemos necios ante la gente del mundo cuando vivimos en base a la Palabra de Dios.

Pablo continua enseñando a los miembros de la iglesia de Corinto, y dice: "Nosotros somos necios por amor de Cristo, mas vosotros, prudentes en Cristo".

Si los miembros de la iglesia de Corinto hubieran mostrado su mejilla izquierda cuando eran abofeteados por alguien en la mejilla derecha, entonces la gente del mundo los habría considerado necios.

El verso continúa diciendo: "...nosotros somos débiles, mas vosotros, fuertes". Los apóstoles eran débiles, es decir, los que estaban viviendo de acuerdo a la Palabra de Dios eran débiles, pero los que no vivían en la verdad eran fuertes.

Pablo está señalando que, debido a que no vivían en la verdad, pensaban que podían hacer todo con su propio poder, pero solo pretendían ser fuertes.

Consideremos el caso de Jesús. En 2 Corintios 13:4 leemos: *"Porque ciertamente El fue crucificado por debilidad, pero vive por el poder de Dios. Así también nosotros somos débiles en El, sin embargo, viviremos con El por el poder de Dios para con vosotros"*.

Jesús abrió los ojos de los ciegos, causó que los cojos

caminaran, limpió a los leprosos, hizo que los sordos escucharan e incluso revivió a los muertos. Es más, Él calmó vientos y olas con Su Palabra; Él era un hombre muy poderoso.

¿Qué significa, sin embargo, que 'fue crucificado por debilidad'?

Si Jesús hubiese mostrado Su poder, habría sido imposible que alguien lo crucificara. La noche que fue arrestado, Pedro cortó con su espada la oreja de un siervo del sumo sacerdote (Marcos 14:47). Sin embargo, Jesús le dijo: "¡Detente! Deja de hacer esto", y entonces tocó la oreja y sanó al hombre. Luego Jesús le recordó a Pedro acerca del hecho de que Él podía rogar a Dios, y se pondrían a su disposición más de doce legiones de ángeles (Mateo 26:53).

Jesús pudo haber alejado a aquellas personas inmediatamente si no hubiera sido la voluntad de Dios que Él fuera arrestado. Jesús tenía el poder, pero no lo usó para Sí mismo, sino para cumplir la voluntad de Dios.

El Hijo de Dios, Jesús, es un hombre muy poderoso, pero se hizo débil al seguir la voluntad de Dios, lo que fue así para que pudiera redimirnos de nuestros pecados. Si Él hubiera permanecido fuerte, nadie habría logrado crucificarlo. Él se hizo débil de acuerdo a la voluntad de Dios porque podíamos alcanzar la salvación solo si Él nos redimía de los pecados a través de la crucifixión.

Pablo y otros apóstoles también tuvieron que ser débiles a fin de llevar almas a la salvación. Pablo dijo: *"Y estuve entre vosotros con debilidad, y con temor y mucho temblor"* (1 Corintios 2:3), y *"Si tengo que gloriarme, me gloriaré en cuanto a mi debilidad"* (2 Corintios 11:30).

¿De qué se gloriaría usted? ¿Se gloriaría de su fuerza? Anhelo que se gloríe de su debilidad en el Señor. Si permanecemos fuertes, nos tornaremos arrogantes y revelaremos nuestra soberbia. Debemos ser débiles en la verdad para servir a los demás con humildad y considerarlos como superiores a nosotros. Debemos ser débiles porque debemos vencer la maldad con el bien.

Sin embargo, debemos recordar algo: aunque alguien nos golpee, debemos entender a esa persona y tener la capacidad para dar la otra mejilla. No debemos permitir nada que deshonre a Dios.

En el evangelio de Juan 2:14-15, Jesús encontró personas en el templo quienes vendían bueyes, ovejas y palomas. También estaban sentados los que cambiaban dinero. Jesús hizo un azote de cuerdas y echó a todos fuera del templo, con las ovejas y los bueyes; desparramó las monedas de los cambistas y volcó las mesas.

Jesús es manso y Él es amor en Sí, pero no aceptó deshonrar a Dios al vender y comprar cosas en el templo. Por consiguiente, debemos comprender la verdad de modo correcto y no aceptar nada que deshonre a Dios o a la iglesia, que es el cuerpo de

Cristo.

Pablo continúa diciendo a los miembros de la iglesia en Corinto: "...vosotros sois distinguidos, mas nosotros, sin honra". En efecto, en aquel entonces, los apóstoles no tenían honra; fueron perseguidos, a veces apedreados, golpeados y despreciados.

Ahora esto es igual con los siervos fieles de Dios. Si muestran señales y prodigios, el enemigo diablo no se mantiene en calma sino que trata de impedir las obras de Dios.

Asimismo, algunos creyentes sienten celos y molestan y perturban porque no pueden manifestar dichas obras. Los siervos o hijos de Dios quizás enfrenten situaciones muy malas por una variedad de razones, y era así mismo en el tiempo de Pablo.

"¿Son servidores de Cristo? (Hablo como si hubiera perdido el juicio.) Yo más. En muchos más trabajos, en muchas más cárceles, en azotes un sinnúmero de veces, a menudo en peligros de muerte. Cinco veces he recibido de los judíos treinta y nueve azotes. Tres veces he sido golpeado con varas, una vez fui apedreado, tres veces naufragué, y he pasado una noche y un día en lo profundo. Con frecuencia en viajes, en peligros de ríos, peligros de salteadores, peligros de mis compatriotas, peligros de los gentiles, peligros en la ciudad, peligros en el desierto, peligros en el mar, peligros entre falsos hermanos; en trabajos y fatigas, en muchas

noches de desvelo, en hambre y sed, a menudo sin comida, en frío y desnudez" (2 Corintios 11:23-27).

Por lo general, los que son fuertes vencen a los demás. ¿Cuán débil y blando en su juicio era Pablo? Por causa de su debilidad, él fue azotado muchas veces y padeció muchos sufrimientos y abusos. Él incluso fue golpeado porque no tuvo honor.

Pablo sintió hambre, sed, frío y falta de ropa, pero logró soportar todas estas cosas y dijo que lo que le importaba era solamente su preocupación por las iglesias.

"Además de tales cosas externas, está sobre mí la presión cotidiana de la preocupación por todas las iglesias. ¿Quién es débil sin que yo sea débil? ¿A quién se le hace pecar sin que yo no me preocupe intensamente? Si tengo que gloriarme, me gloriaré en cuanto a mi debilidad" (2 Corintios 11:28-30).

Pablo se glorió de su debilidad; nosotros también debemos gloriarnos de nuestra debilidad, no de la fuerza.

"Hasta el momento presente pasamos hambre y sed, andamos mal vestidos, somos maltratados y no tenemos dónde vivir; nos agotamos trabajando con nuestras propias manos; cuando nos ultrajan, bendecimos; cuando somos perseguidos, lo soportamos; cuando nos difaman, tratamos de reconciliar; hemos llegado a ser, hasta ahora, la escoria del mundo, el desecho de todo" (4:11-13).

'Pasar hambre y sed' tiene un significado espiritual. No se trata del hambre y la sed físicas. Ellos no pasaron hambre o sed porque Dios dejó de proveer para ellos.

Por ejemplo: hay algunos creyentes que están con hambre y sed a pesar de que son muy ricos en lo material. Estos creyentes no gastan en sí mismos, sino que se esfuerzan por dar a Dios y Su reino, a las obras misioneras, a la construcción de la iglesia y así por el estilo.

Pablo predicaba mientras estaba en su trabajo. En aquel tiempo, el evangelio no se predicaba en absoluto, y él debía establecer iglesias en un tiempo en el que la gente moría tan solo por creer en Jesucristo. Ya que él debía difundir el evangelio en lugares en los que no se conocía a Jesucristo en absoluto, nadie le daba la bienvenida.

Es por esto que el apóstol Pablo difundía el evangelio mientras se ganaba la vida al mismo tiempo. Pero cuando era maldecido, él bendecía, y cuando era perseguido, él soportaba.

Ser maldecido es ser sometido a abuso verbal. La Biblia nos dice que nos regocijemos y alegremos cuando seamos perseguidos por causa del Señor (Mateo 5:11-12).

En Mateo 5:44 leemos: *"Pero yo os digo: amad a vuestros enemigos y orad por los que os persiguen"*. Por eso, debemos amar a nuestros enemigos y orar por los que nos persiguen.

En el verso 13 dice: "...cuando nos difaman, tratamos de reconciliar". Esto significa que cuando alguien nos difama, debemos guiarlo al entendimiento con buenas palabras. No debemos maldecirlos ni insultarlos, sino amarlos, bendecirlos y ayudarles a entender.

Entonces tendremos paz y así evitaremos cualquier obra de Satanás. También estaremos en paz, así que podremos regocijarnos y dar gracias. No debemos ofendernos ni desanimarnos por causa de nadie.

Cuando los apóstoles actuaron de este modo, se volvieron la escoria del mundo, el desecho de todas las cosas. ¿Qué significa esto?

La gente cría y alimenta a sus mascotas, sean perros o aves, con todo el cuidado posible. Aquellos a quienes les gustan las plantas o las flores eliminan los insectos, riegan y abonan la tierra, y sacan las malezas. Se sienten atraídos a las plantas porque estas les producen un poco de gozo y paz en su mente.

No obstante, los apóstoles fueron insultados, perseguidos, maldecidos y golpeados en lugar de recibir amor. Fueron tratados como la escoria y el desecho de todas las cosas. Aun los animales o plantas recibieron amor y cuidado de parte de la gente, pero los apóstoles fueron tratados como basura.

Tendrían que haber sido más amados porque solucionaron muchos problemas difíciles de la gente, predicaron la Palabra y sanaron sus enfermedades. Pero contrario a ser apreciados, fueron golpeados y condenados como herejes y debían estar en constante movilización para escapar de la persecución. Es por esto que Pablo dice que fueron como la escoria y el desecho del mundo.

> **"No escribo esto para avergonzaros, sino para amonestaros como a hijos míos amados. Porque aunque tengáis innumerables maestros en Cristo, sin embargo no tenéis muchos padres; pues en Cristo Jesús yo os engendré por medio del evangelio" (4:14-15).**

El apóstol Pablo explica ahora la razón por la que escribe esta epístola. No era para avergonzar a los creyentes de la iglesia de Corinto, sino para amonestarlos como a sus hijos amados en calidad de padre espiritual.

El verso 15 dice: "Porque aunque tengáis innumerables maestros en Cristo, sin embargo no tenéis muchos padres; pues en Cristo Jesús yo os engendré por medio del evangelio".

Un 'padre' alimentará a sus hijos, se convertirá en su guardián y los educará hasta que crezcan. Además, él proveerá para las necesidades de sus vidas. Por otro lado, los maestros no son 'padres', y son únicamente responsables por enseñar.

De la misma manera, en la actualidad hay muchos maestros en la iglesia, pero no muchos padres. Es decir, hay muchos pastores que enseñan la Palabra de Dios, pero no hay muchos padres espirituales que son completos hombres de la verdad quienes aceptan la responsabilidad de plantar fe en los creyentes, además de educarlos, instruirlos con responsabilidad y guiarlos hasta que se conviertan en adultos espirituales.

El apóstol Pablo dijo: "...pues en Cristo Jesús yo os engendré por medio del evangelio". ¿Significa esto que Pablo se convirtió en el padre de los creyentes de la iglesia de Corinto? Sí, así fue. Él se convirtió en padre de los creyentes de Corinto porque los engendró por medio del evangelio.

Un feto se forma cuando el semen y el óvulo se mezclan. Luego el feto recibe todos los nutrientes de la madre para formar los huesos, tendones, ojos, nariz, boca, cabello, manos y pies. La madre debe cuidar del feto durante nueve meses mientras madura. 'Dar a luz' no implica solamente el hecho mismo del 'nacimiento' del niño, sino todos los procesos que involucran su crianza.

¿Qué significa engendrar por medio del evangelio de Jesucristo?

Cuando aceptamos a Jesucristo y recibimos al Espíritu Santo, recibimos la semilla de vida en nuestro corazón. Así como brota una semilla que cae a la tierra para luego florecer y dar fruto, la semilla de la vida que cae en nuestro corazón comienza a crecer.

¿Por qué tipos de procesos pasa un creyente para crecer? Los que apenas han aceptado al Señor y han recibido el Espíritu Santo son como bebés recién nacidos. Solamente tienen una mínima medida de fe, pero esta incrementará a través de la Palabra de Dios. Estos empiezan a crecer para tener la fe de niños, luego la de jóvenes y finalmente la de padres (1 Juan 2:12-14).

Al principio quizás no logren entender cada Palabra de Dios que escuchan, pero poco a poco la irán comprendiendo más. La tomarán como su alimento espiritual y serán transformados por medio de ella.

Antes de este tiempo, sus ojos vieron y sus oídos escucharon cosas del mundo. Sus manos hicieron cosas que no eran buenas. Pero ahora, se deleitan en ver, escuchar y hacer cosas que son de la verdad. Se esfuerzan por pensar y planificar cosas buenas y hablan buenas palabras.

¿Qué puede causar que este tipo de cambio tome lugar? Ellos llegan a comprender la Palabra de Dios que se predica y esta transforma sus vidas. Los hombres carnales se vuelven espirituales, y esto es engendrar por medio del evangelio del que habló Pablo.

Claro está que el único padre espiritual es Dios el Padre. Sin embargo, podemos llamar 'padres espirituales' a aquellos que nos engendran por medio del evangelio. Es decir, Dios es nuestro Padre original, pero los siervos de Dios que nos engendran por medio del evangelio y nos llevan a crecer en el espíritu también se pueden convertir en nuestros padres espirituales. Aun así, los niveles son distintos.

"Por tanto, os exhorto: sed imitadores míos" (4:16).

En 1 Corintios 11:1, Pablo dijo: *"Sed imitadores de mí, como también yo lo soy de Cristo"*. Hay una condición en esta exhortación.

Si un padre puede decir con confianza que ha vivido una vida exitosa y correcta, ¿cómo esperaría usted que él haya educado a sus hijos? Seguramente les enseñó que sigan su ejemplo.

Por el contrario, supongamos que un padre en realidad no llevó una vida ejemplar; a él le gusta emborracharse y pelear. Él seguramente tiene que aconsejar a sus hijos que sigan el ejemplo de otra persona distinguida.

El apóstol Pablo aconsejó a los creyentes de Corinto con un corazón de padre confiado: "Por tanto, os exhorto: sed imitadores míos". Él pudo enseñar a los creyentes en Corinto con aquellas palabras ya que él siguió a Jesucristo.

Este verso significa: "Amen a Dios en grado sumo, así como yo lo amo en grado sumo, y sean fieles hasta la muerte tal como yo lo he sido". ¿De qué manera amó Pablo a Dios?

Como lo dice en 2 Corintios 11, él se volvió necio por la causa de Cristo, por quien también se hizo débil y sin honor; él experimentó hambre, sed, golpes y desnudez, y cuando fue perseguido lo soportó y oró por los que lo perseguían, y fue maldecido, pero él los bendijo.

Pablo hizo todas estas cosas de acuerdo a la verdad. Él pudo decir "sean imitadores de mí" porque habitó en la Palabra de Dios al amar a Cristo y tener Sus características.

Es decir, si imitamos a Pablo, significa que estaremos

imitando a Jesús. Si imitamos las características de Jesús, significa que tendremos las características de Dios, y además participaremos en Su naturaleza divina (2 Pedro 1:4).

Esto es, de alguna manera, similar al caso en el que los discípulos de Jesús le pidieron que les mostrara a Dios y respondió que aquellos que lo habían visto a Él, habían visto a Dios. Esto fue así porque al seguir únicamente la voluntad de Dios, Jesús reflejó a Dios. Nosotros también deberíamos ser capaces de decir con valentía a los demás que sean imitadores de nosotros al amar a Dios y vivir de acuerdo a la verdad.

"Por esta razón os he enviado a Timoteo, que es mi hijo amado y fiel en el Señor, y él os recordará mis caminos, los caminos en Cristo, tal como enseño en todas partes, en cada iglesia" (4:17).

Pablo se refiere a Timoteo como su 'hijo amado y fiel en el Señor' porque Pablo amaba mucho a Timoteo y lo educó con la Palabra de verdad. A cambio de esto, Timoteo se convirtió en un hombre fiel al seguir el ejemplo del apóstol Pablo y vivir en la verdad.

Pablo envió a Timoteo en su lugar a Corinto para que enseñara a los creyentes en la iglesia lo que había estado enseñando en todas las iglesias. En este caso, al igual que en todas las demás partes e iglesias, lo que se enseñó no fue distinto sino igual. Él enseñó la misma Palabra de Dios y el camino hacia la cruz. Testificó de la resurrección de Jesucristo y mostró la evidencia de la verdad de la Palabra con sus obras.

¿Qué significa "Timoteo les recordará mis caminos, los caminos en Cristo, tal como enseño en todas partes, en cada iglesia"? Timoteo siguió el ejemplo de las obras de Pablo y enseñó lo que había aprendido de él.

Por ejemplo: el apóstol Pablo no solo enseñó que debían orar y ayunar y clamar para recibir las respuestas de parte de Dios. Él puso en práctica lo que enseñaba. Timoteo hacía lo mismo. Timoteo no podía simplemente enseñar, sino que demostró y puso en práctica lo que enseñaba. Pablo ayudó a los pobre y animó a aquellos que estaban pasando por pruebas y dificultades. Timoteo hizo lo mismo; ayudó a los pobres y animó a los creyentes en medio de sus dificultades.

Lo que Timoteo hizo fue lo mismo que Pablo hizo. Es por eso que, aunque el apóstol Pablo no estaba con los creyentes de la iglesia de Corinto, ellos lo recordaban cuando veían las acciones de Timoteo.

Poder y habilidad a través del Reino de Dios

"Y algunos se han vuelto arrogantes, como si yo no hubiera de ir a vosotros. Pero iré a vosotros pronto, si el Señor quiere, y conoceré, no las palabras de los arrogantes sino su poder" (4:18-19).

El apóstol Pablo estableció una iglesia en Corinto y partió en un viaje misionero a Asia. Mientras tanto, algunos de los creyentes en Corinto se volvieron arrogantes. Pensaron que Pablo jamás regresaría y entonces comenzaron a actuar como reyes. Estos no respetaban a los que estaban en posiciones superiores en la iglesia.

De hecho, todos deberían tener en mente, en vista de que en la actualidad se dan casos muy similares, que la arrogancia puede crecer sin que nosotros siquiera nos demos cuenta de ello. Cuando madure más, saldrá a relucir y los demás podrán verla, pero la persona en sí jamás podrá notarla.

Por consiguiente, debemos examinarnos a nosotros mismos

con la Palabra de Dios. Los que están en posiciones inferiores en la iglesia, deben respetar a los que están en posiciones superiores. Ni siquiera los líderes deben tomar decisiones y hacer todo de modo independiente según sus deseos.

El verso 19 habla acerca del corazón de Pablo, el cual tenía preocupación por el hecho de que los miembros en Corinto se volvieron arrogantes. Se estaban convirtiendo en obstáculos para el reino de Dios y eran de Su agrado. Pablo deseaba visitarlos inmediatamente para resolver el problema, pero no era fácil ya que se encontraba en Éfeso.

Pablo comprendió bien a través de las muchas experiencias, que él no podía hacer nada según su voluntad, a menos que el Señor le permitiera. Cuando deseó ir a Asia para predicar el evangelio, el Espíritu Santo lo detuvo. En una visión, Pablo vio a un hombre de Macedonia quien le pedía que fuera donde ellos para ayudarlos. Él cambió su rumbo e inmediatamente se dirigió a Europa (Hechos 16:6-10).

Todos los hijos de Dios pueden escuchar la voz del Espíritu Santo en la medida en que se abstengan de las falsedades del corazón y lo cultiven con la verdad en ellos. Entonces, una vez que escuchemos la voz del Espíritu Santo, debemos seguirla en lugar de ir tras nuestros propios pensamientos.

Si nosotros tratamos de tomar una decisión de acuerdo a nuestros pensamientos, teorías y experiencias luego de escuchar la voz del Espíritu Santo, entonces Dios no nos podrá llevar al éxito. En este caso, inmediatamente comprendemos que nuestros caminos no son la voluntad de Dios, nos arrepentimos y alejamos, y podemos alejar las persecuciones y pruebas porque Dios obra para el bien de todo.

No obstante, en la mayoría de casos, los que no obedecen ni escuchan la voz del Espíritu Santo, seguirán actuando de acuerdo a sus propias ideas y no podrán cumplir sus planes por completo. Aun cuando el Espíritu Santo clama en ellos y sienten la aflicción en el corazón, no lo toman en serio y siguen su propio camino. Entonces llegarán a enfrentar dificultades.

Pablo continuó diciendo: "Pero iré a vosotros pronto, si el Señor quiere, y conoceré, no las palabras de los arrogantes sino su poder". El 'poder' mencionado en este verso es un tanto distinto al que se menciona en el verso 20. En este caso, 'conocer su poder' significa que Pablo deseaba conocer sus obras de veracidad. Para que nosotros podamos vivir de acuerdo a la Palabra de Dios, debemos recibir el poder de Dios que excede todos nuestros esfuerzos.

Piense en el momento en el que primero aceptó al Señor y recibió la gracia de Dios. Luego de aceptar a Cristo y recibir el Espíritu Santo, comenzamos a aprender la Palabra de Dios. Posteriormente tomamos la decisión de vivir de acuerdo a Su Palabra, pero de hecho no es algo que logramos con facilidad. Debemos desear seguir la Palabra, pero no tenemos las fuerzas suficientes para hacerlo.

En este momento, podemos recibir gracia y poder de lo alto y poner en práctica la Palabra de la verdad, una por una y paso a paso, si seguimos orando sin cesar. Pero si no oramos, no podemos recibir el poder de lo alto y así no podremos practicar la Palabra, aunque hayamos sido cristianos por mucho tiempo.

De este modo, para llevar una vida bendecida al guardar la Palabra de Dios, debemos orar continuamente. No debería ser el caso en el que oramos cuando estamos llenos del Espíritu y dejamos de hacerlo cuando hemos perdido esa llenura. No solo debemos orar con todo el corazón y sin cesar, sino que debemos hacer de la oración un hábito.

Así como Jesús siguió Su hábito de orar, debemos hacer lo mismo para llenar la cantidad de nuestra oración. Al incrementar la cantidad de nuestras oraciones, tendremos más comunicación espiritual con Dios. Entonces nuestra alma será próspera y recibiremos el poder para vivir de acuerdo a la Palabra.

"Porque el reino de Dios no consiste en palabras, sino en poder" (4:20).

El 'poder' mencionado en este verso es un tanto distinto al que se menciona en el verso anterior. Este 'poder' es uno que está en un nivel superior que el anterior. Pablo dice que "el reino de Dios no consiste en palabras, sino en poder". En la actualidad las iglesias están llenas de palabras, pero el reino de Dios no consiste en palabras sino en poder, y las palabras solas no sirven de nada.

Los apóstoles en las iglesias primitivas no tuvieron buenas

habilidades para hablar. Pedro fue originalmente un pescador y no tenía la habilidad para expresarse bien ni tenía mucho conocimiento del mundo, pero cuando recibió el poder de lo alto, persuadió a tres mil hombres para que se arrepintieran en un día. Él no tenía habilidades de oratoria, pero sí tenía el poder de Dios. Colocó los cimientos para la evangelización del mundo en medio de las difíciles situaciones de las iglesias primitivas.

Lo mismo ocurre en la actualidad. El reino de Dios consiste solo de poder. Los excelsos conocimientos o la sabiduría de este mundo no pueden salvar muchas almas. No podemos agrandar el reino de Dios con palabras o sabiduría de hombres, ni obtener la victoria en una batalla contra el diablo enemigo.

Vimos anteriormente, en 1 Corintios 2:4, que el apóstol Pablo dijo: *"Y ni mi mensaje ni mi predicación fueron con palabras persuasivas de sabiduría, sino con demostración del Espíritu y de poder"*. Él obtuvo mucho conocimiento al estudiar con Gamaliel, pero lo consideró todo como pérdida y basura.

¿Cuál es el 'poder' que puede plantar fe en la gente, salvar almas y expandir el reino de Dios?

Primero: el poder implica guardar y poner en práctica la Palabra de Dios con obras y verdad cuando aceptamos a Jesucristo, recibimos el Espíritu Santo y oramos ante Dios.

Segundo: es producir el fruto al continuar poniendo en práctica la Palabra. Produciremos los frutos del Espíritu Santo al vivir de acuerdo a la Palabra de Dios, y esto no se logra solo con el deseo, sino únicamente con el 'poder' con fe.

Cuando estas personas que producen el fruto del Espíritu Santo oran con fe para recibir más poder, Dios les dará el poder y la autoridad de lo alto. Este es el poder de la Palabra, y el poder al que le siguen las señales y prodigios.

Aunque no tengamos buena habilidad de expresión, podremos predicar la Palabra que penetra incluso hasta la división del espíritu y alma, las coyunturas y tuétanos, y cambiar el corazón si recibimos el poder de la Palabra de Dios. Podremos plantar fe en la gente y ayudarles a vivir en la Palabra de Dios.

En Juan 4:48 se registra: *"Jesús entonces le dijo: Si no veis señales y prodigios, no creeréis"*.

Para poder llevar las almas a la salvación, no solo debemos tener el poder de la Palabra, sino también la manifestación de señales y prodigios que puedan plantar fe en la gente. Las personas creerán en verdad cuando vean las señales y prodigios y la evidencia de que Dios está con ellos. De este modo, podrán vencer al mundo y vivir de acuerdo a la Palabra de Dios.

Si no hay señales y prodigios, será difícil tener fe verdadera y vivir de acuerdo a la Palabra. Esto solo producirá 'feligreses' que son como la paja. Con el desarrollo de la ciencia y la tecnología, tenemos aún más necesidad de señales y prodigios que antes, pero algunas personas critican cuando se dice que las señales y los prodigios están tomando lugar.

No obstante, los que tienen un buen corazón aceptarán a Jesús como su Salvador personal cuando vean señales y prodigios. Tanto en el tiempo de Jesús como en la actualidad, los que no tienen un buen corazón son los que critican las obras asombrosas.

En el libro de Hechos, encontramos que en manos de los apóstoles muchas señales y prodigios tomaron lugar entre la gente, y el número de creyentes en el Señor aumentaba constantemente (Hechos 5:12-14). Asimismo, después de la resurrección y ascenso de Jesucristo, los discípulos salieron y predicaron por todo lado, mientras el Señor obraba con ellos y confirmaba la Palabra con las señales que les seguían (Marcos 16:19-20).

Como aquí se explica, "el reino de Dios no consiste en palabras, sino en poder". Cuando se manifiesta el poder, se otorga la fe verdadera a las personas, y estas pueden levantarse firmes sobre la Palabra de verdad y llevarán una vida victoriosa.

"¿Qué queréis? ¿Iré a vosotros con vara, o con amor y espíritu de mansedumbre?" (4:21)

En este caso, la 'vara' simboliza el castigo y la represión. El apóstol Pablo tenía la autoridad de castigar a algunos de los creyentes en la iglesia de Corinto, destituirlos de sus cargos o expulsarlos de la iglesia. Esto se debe a que él es quien estableció la iglesia de Corinto y los engendró por medio del evangelio.

Aunque Pablo se encontraba ministrando en otro lugar

en ese entonces, él podía castigarlos y reprenderlos. ¿Qué hay respecto a usted? ¿Desea conocer al Dios de amor y bondad, o al Dios que castiga? No deberíamos conocer a Dios en una situación en la que Él tiene que castigarnos.

Capítulo 5

LECCIONES SOBRE EL ADULTERIO

— Cómo manejar la inmoralidad sexual

— Limpiad la levadura vieja

— No anden en compañía de personas inmorales

Cómo manejar la inmoralidad sexual

"En efecto, se oye que entre vosotros hay inmoralidad, y una inmoralidad tal como no existe ni siquiera entre los gentiles, al extremo de que alguno tiene la mujer de su padre. Y os habéis vuelto arrogantes en lugar de haberos entristecido, para que el que de entre vosotros ha cometido esta acción fuera expulsado de en medio de vosotros" (5:1-2).

El apóstol Pablo escuchó que había inmoralidad entre los creyentes de Corinto. La inmoralidad consiste de actos inmorales, lascivos e indecentes. ¿Qué tipo de inmoralidad había en la iglesia de Corinto, a la que Pablo se refirió diciendo: "...inmoralidad tal como no existe ni siquiera entre los gentiles"?

Alguien tenía relaciones sexuales con la esposa de su padre. En este caso, al hablar de la 'esposa de su padre', se refiere a su madrastra o la mujer que era concubina de su padre. Esta mujer no es la madre biológica, pero es, en cierto sentido, una 'madre' ya que es esposa de su padre. Ya que alguien estaba manteniendo este tipo de relación con esta mujer, Pablo dijo que algo así ni siquiera existía entre los gentiles.

En el Antiguo Testamento también tenemos un incidente así. *"...Rubén tuvo relaciones sexuales con Bilha, la concubina de su padre, y Jacob se enteró enseguida"* (Génesis 35:22 NTV). Cuando Jacob estaba en su lecho de muerte, él llamó a sus doce hijos, y dijo a Rubén: *"Incontrolable como el agua, no tendrás preeminencia, porque subiste a la cama de tu padre, y la profanaste: él subió a mi lecho"* (Génesis 49:4).

Claro está que cosas semejantes ocurren entre los gentiles también. Pero Pablo dijo que no existen ni siquiera entre los gentiles a fin de enfatizar que algo así no debe existir entre los miembros de la iglesia en absoluto.

¿Qué pasa si algo así ocurre en la iglesia? Los que aman a Dios y tienen fe naturalmente lamentarán este hecho. Estos orarán y ayunarán diciendo: "Dios, ten misericordia, y por favor perdona nuestra iglesia por deshonrarte".

Sin embargo, los miembros de la iglesia de Corinto eran arrogantes y no sentían ningún remordimiento al respecto; no hicieron nada en relación a ello pensando que no tenía nada que ver con ellos en lo personal.

Pablo dijo: "...os habéis vuelto arrogantes". La arrogancia es una actitud de superioridad manifestada de manera autoritaria en las reclamaciones o suposiciones que muestran desprecio o indiferencia hacia los demás. Los que han recibido el Espíritu Santo y conocen la Palabra de Dios no deben actuar con arrogancia.

¿Qué es la arrogancia espiritual? Cuando aceptamos al Señor y estamos llenos del Espíritu Santo, todos nos volvemos humildes. Los nuevos creyentes, cuando están llenos del Espíritu, son humildes y muestran gratitud ante todos. Comprenden incluso a aquellos que no les hablan de manera educada y amable, y sienten que toda persona es encantadora y placentera.

Cuando las personas están llenas del Espíritu Santo en el principio, se vuelven humildes y lamentan si acaso han visto algo que desagrada a Dios. Pero cuando piensan que están parados sobre la roca de la fe en alguna medida, algunos empiezan a pensar que son mejores que los demás solo porque oran mucho y conocen bien la Palabra de Dios.

Ya que se tornan cada vez más arrogantes, sus acciones de acuerdo con la verdad disminuyen. Dejan de distinguir el gemir del Espíritu Santo en ellos y cuando los demás desagradan a Dios o cometen pecados, no lo consideran algo desgarrador. Cuando un hermano en la fe comete pecados, piensan que es asunto de alguien más y no sienten ninguna preocupación por aquel, sino que solo lo juzgan y critican. Si no tenemos arrogancia, pensaremos en cada asunto de la iglesia como propio. Por tanto, si un hermano en la fe peca, lloraremos rasgando el corazón como si nosotros mismos hubiésemos cometido el pecado.

Ya que los miembros de la iglesia de Corinto se volvieron arrogantes, no lloraron por las cosas vergonzosas que estaban ocurriendo en la iglesia ni hicieron nada al respecto sino que simplemente pensaron: "Si deseas caer en destrucción con tus pecados, ese es tu problema. Yo ya tengo suficiente para mí con vivir en la verdad".

"Pues yo, por mi parte, aunque ausente en cuerpo pero presente en espíritu, como si estuviera presente, ya he juzgado al que cometió tal acción" (5:3).

El apóstol Pablo dice que estaba "ausente en cuerpo pero presente en espíritu" respecto a la iglesia de Corinto. Por consiguiente, en espíritu él ya había juzgado al hombre que había tomado la esposa de su padre. Las acciones de la persona que habían cometido este pecado no se debían aceptar en absoluto. Pablo ya había juzgado que el corazón de esta persona estaba endurecido y que debía ser abandonado por Dios.

Ahora, el apóstol Pablo les dijo qué debían hacer antes de enfrentar la ira de Dios. Es decir, ya que este hombre tenía un corazón que no se arrepentía ni cambiaba en absoluto, tenían que expulsarlo de la iglesia.

Algunos quizás se pregunten: "Si la Biblia enseña que no juzguemos a nadie, ¿por qué en este caso Pablo juzgó a alguien?" Claro está que, de acuerdo a la Palabra de Dios, nosotros no debemos juzgar a nadie. Sin embargo, hay personas que tienen las cualidades para hacerlo.

Mateo 7:5 dice: *"¡Hipócrita! Saca primero la viga de tu*

ojo, y entonces verás con claridad para sacar la mota del ojo de tu hermano".

Los que han sacado la viga de su propio ojo, es decir, los que viven de acuerdo a la Palabra de verdad por completo, pueden ver claramente la mota del ojo de su hermano. Solo esos hombres de espíritu que han alejado toda forma de maldad, están calificados para juzgar a los demás. El apóstol Pablo era un hombre así.

Por consiguiente, no debemos malentender este verso y pensar que nosotros también podemos juzgar a los demás como lo hizo Pablo. Antes de juzgar a los demás, primero debemos reflexionar en nuestro ser por completo, alejar todas las formas de maldad y vivir de acuerdo a la Palabra.

Solamente los hombres espirituales que son humildes, llenos de amor y que pueden gemir por los demás, los que aman a Dios en grado sumo, alcanzan los requisitos para juzgar a los demás.

"En el nombre de nuestro Señor Jesús, cuando vosotros estéis reunidos, y yo con vosotros en espíritu, con el poder de nuestro Señor Jesús, entregad a ese tal a Satanás para la destrucción de su carne, a fin de que su espíritu sea salvo en el día del Señor Jesús" (5:4-5).

El apóstol Pablo se encontraba en un nivel espiritual profundo, y cuando estaba escribiendo estos libros del Nuevo Testamento, él contaba con la interminable inspiración del Espíritu Santo. Los versos 4 y 5 conllevan un significado profundamente importante además de los significados espirituales implicados.

Vemos algunos pasajes en la Biblia que son difíciles de interpretar. No podemos entender el significado adecuado de aquellos pasajes a menos que Dios nos los explique por medio del Espíritu Santo. Hoy muchas personas interpretan estas palabras y pasajes de manera literal. Al hacer esto piensan que pueden ser salvos aunque cometen pecados de manera consciente. ¿Cuál es el significado espiritual contenido en los versos 4 y 5?

Si interpretamos este pasaje literalmente, podemos pensar: "Si pecamos por un momento de este modo, seremos entregados a Satanás para pasar por algún tipo de prueba de retribución. No obstante, si nos arrepentimos y cambiamos, solo nuestra carne será destruida, pero nuestro espíritu recibirá salvación cuando el Señor venga otra vez".

Por el contrario, Apocalipsis 3:5 dice: *"Así el vencedor será revestido de vestiduras blancas y no borraré su nombre del libro de la vida..."*. El Señor dice que no borrará su nombre del Libro de la Vida "si venciere". En otras palabras, si no vence, el Señor borrará su nombre del Libro de la Vida. Es más, también entendemos que el Espíritu Santo puede apagarse, tal como lo dice 1 Tesalonicenses 5:19: *"No apaguéis el Espíritu"*.

En base a la Biblia aprendemos también que hay pecados que pueden ser perdonados, así como pecados que no se pueden perdonar. Los que blasfeman o hablan o actúan en contra del Espíritu Santo, o aquellos que saborean la gracia del Cielo y luego regresan al mundo y a la corrupción, no pueden ser salvos. Dios no les dará el espíritu de arrepentimiento y no podrán ser perdonados de sus pecados (Hebreos 6:4-6, 10:26-27). Por tanto, no debe haber malas comprensiones respecto a nuestra salvación.

Luego el apóstol Pablo dijo: "...cuando vosotros estéis reunidos, y yo con vosotros en espíritu, con el poder de nuestro Señor Jesús". Esto significa, antes de decidir cualquier cosa que esté relacionada con Dios, debemos reunirnos en el nombre de Jesucristo para decidir qué hacer en Su nombre. Aunque nuestras ideas parezcan correctas, son erróneas si no están de acuerdo con la Palabra de Dios. Solamente la verdad de Dios es veraz, y es correcto que decidamos algo dentro de la verdad de Dios.

De este modo, el verso 5 significa que el apóstol Pablo y los miembros de la iglesia de Corinto se reunieron en espíritu bajo el nombre del Señor Jesús, y por el poder del Señor Jesús expulsaron de la iglesia a la persona que había demostrado inmoralidad impenitente. Dios nos dice que amemos a nuestros enemigos, ¿por qué, entonces, lo expulsaron de la iglesia? La relación inmoral con la esposa del padre no existía ni siquiera entre los gentiles, así que de ninguna manera se la podía aceptar en la iglesia.

Alguien que no conoce la Palabra de Dios quizás cometa pecados. Pero si alguien que conoce la Palabra de Dios comete un pecado así, no puede ser perdonado porque este tipo de persona tiene la obstinación del corazón que evita que se arrepienta de sus pecados. Si este tipo de persona está presente en la iglesia, tendrá una influencia negativa sobre los miembros. Ellos quizás piensen también que esta persona puede ser perdonada y, quizás ellos pequen también.

Cuando él escuchó que había esta inmoralidad en la iglesia de Corinto, el apóstol Pablo comprendió que la noticia era correcta. La Biblia nos dice que debemos confirmar el pecado de alguien con el testimonio de dos o tres testigos (Deuteronomio 19:15).
No podemos acusar a nadie con solo escuchar de parte de un testigo porque será un testigo falso. Debemos contar con por lo menos dos o tres testigos.
El apóstol Pablo tampoco escuchó a una sola persona, sino que confirmó el asunto luego de escucharlo de parte de varias personas. Únicamente después de eso pasó su mensaje diciendo que expulsaran al pecador de la iglesia porque el hombre no se arrepentiría y no sería perdonado.
Luego los miembros de la iglesia de Corinto se reunieron y sacaron de la iglesia a la persona que había cometido esa inmoralidad, creyendo que la voluntad del apóstol Pablo era la misma que la voluntad de Dios.

Si alguien es expulsado legalmente de la iglesia, pronto se convierte en presa de Satanás. Esto se debe a que Mateo 18:18 dice: *"En verdad os digo: todo lo que atéis en la tierra, será atado en el cielo; y todo lo que desatéis en la tierra, será desatado en el cielo".*

Ya que la iglesia decidió rechazar a la persona que cometió el acto inmoral, este fue abandonado por Dios y entregado a Satanás.

Claro está que esto no significa que todo aquel que es expulsado de la iglesia es abandonado por siempre. Supongamos que alguien ha cometido un pecado que puede ser perdonado; luego se arrepiente y cambia. Sin embargo, la iglesia comete un error en su decisión y lo expulsa. En este caso, Dios no lo abandonará.

Dios nos prometió que Él nos perdonará hasta 'setenta veces siete' si nos arrepentimos y cambiamos (Mateo 18:22). Además dijo en Salmos 103:12: *"Como está de lejos el oriente del occidente, así alejó de nosotros nuestras transgresiones".*

Por consiguiente, cuando alguien comete un pecado, la iglesia debe comprender, perdonar y orar por la persona para que se arrepienta y se aleje de sus pecados.

La carne representa la naturaleza pecaminosa

El verso 5 dice: "...entregad a ese tal a Satanás para la destrucción de su carne, a fin de que su espíritu sea salvo en el día del Señor Jesús". ¿Qué significa esto? La primera parte concierne al hecho de que expulsaron a aquella persona que cometió una inmoralidad, y la segunda parte es un mensaje para los hijos de Dios, el mismo que no se relaciona con la persona que actuó inmoralmente.

Por consiguiente, no debemos vincular la segunda parte con la primera parte del verso. Es decir, el hecho de que Pablo entregara a Satanás a la persona que se acostó con la esposa de su padre, significa que deseaba salvar el espíritu de los creyentes de la iglesia de Corinto en la Segunda Venida del Señor, aun dando muerte a la carne.

Cuando la naturaleza pecaminosa, la cual entra al hombre por medio del diablo enemigo, se combina con el cuerpo, el resultado es conocido como 'carne'. Pablo entregó la persona que había cometido la inmoralidad sexual a Satanás a fin de permitir que los creyentes en la iglesia de Corinto se abstuvieran por completo de la naturaleza pecaminosa y recibieran la 'salvación completa' al convertirse en plenos hombres espirituales.

Si esta persona no hubiera sido expulsada de la iglesia, los demás creyentes habrían cometido pecados similares y poco a poco habrían llegado al punto de perder la salvación. Por esto, ante estos casos, la iglesia debe expulsar a estas personas para que los demás miembros comprendan que ellos también pueden ser arrastrados fuera de la iglesia cuando cometen estos pecados.

Limpiad la levadura vieja

"Vuestra jactancia no es buena. ¿No sabéis que un poco de levadura fermenta toda la masa?" (5:6)

Pablo dijo: "Vuestra jactancia no es buena". ¿De qué se jactaban?

Hemos visto que los creyentes de Corinto no lamentaban nada, ni siquiera cuando uno de ellos deshonró en gran manera a Dios con inmoralidad sexual. Pablo dijo que eso era algo arrogante. Sin embargo, oraron a Dios diciendo: "Dios, él cometió un pecado que ni siquiera existe entre los gentiles, así que te doy gracias porque, por mi amor por Ti, yo no he cometido ese pecado en acuerdo a tu Palabra".

¿Cuál es la razón por la que Pablo los reprendió diciendo: "Su jactancia no es buena"?

En primer lugar, se debió a que nosotros no tenemos algo de

lo cual jactarnos en este mundo.

Nuestras vidas son solo transitorias y nuestros cuerpos regresan a ser un puñado de polvo después de la muerte. Santiago 4:14-16 dice: *"Sin embargo, no sabéis cómo será vuestra vida mañana. Sólo sois un vapor que aparece por un poco de tiempo y luego se desvanece. Más bien, debierais decir: Si el Señor quiere, viviremos y haremos esto o aquello. Pero ahora os jactáis en vuestra arrogancia; toda jactancia semejante es mala".*

Aunque no pequemos en absoluto y vivamos de acuerdo a la Palabra de Dios, no podemos jactarnos de estar libres de pecado ya que esto se hace posible solo por el poder de Dios, no por nuestras propias fuerzas.

No obstante, los creyentes de la iglesia de Corinto no expulsaron de la iglesia a aquel que había caído en inmoralidad, sino que se jactaban de ser santos porque eran arrogantes. Pablo dice que no era correcto porque se jactaban viendo que la gloria de Dios sufría daños.

En segundo lugar, se debió a que un poco de levadura leuda toda la masa.

En este caso, la 'levadura' se refiere espiritualmente al pecado. La Biblia escribe acerca de muchos tipos de pecado tales como el odio, la envidia, las contiendas, etc. Al comparar la inmoralidad con un poco de levadura, no significa que era un pecado sin importancia, sino que la inmoralidad era una parte de los muchos tipos de pecados.

'Toda la masa' representa toda la congregación de la iglesia de Corinto. Cuando Pablo dijo: "¿No sabéis que un poco de levadura fermenta toda la masa?", él quería decir que los creyentes en Corinto se jactaban de estar viviendo en la verdad, criticando a la persona que pecó, pero de hecho, al final ellos también recibirían las obras de Satanás si aceptaban a aquella persona. Es por esto que Pablo les dijo que su jactancia era incorrecta.

Existen algunas personas que no pueden guardar su corazón por causa del entorno que los rodea.

Los niños que ven a su padre beber cada día y vivir en búsqueda de los placeres de la vida, usualmente piensan que no seguirán los mismos pasos. Sin embargo, en muchos casos, al crecer hacen lo mismo o aun cosas peores.

Los miembros de la iglesia de Corinto también podían ser tentados y cometer pecados si aceptaban a la persona que pecaba. Podían haber caído en un nivel más profundo de pecados si comenzaban a pensar que si un pecado tan grave fue pasado por alto, cuánto más los pecados 'pequeños'.

De este modo, si una persona comete pecados, debemos encargarnos de la situación rápidamente. Si la dejamos pasar, un poco de levadura leudará toda la masa; el número de pecadores incrementará drásticamente y toda la congregación se corromperá.

"Limpiad la levadura vieja para que seáis masa nueva,

así como lo sois, sin levadura. Porque aun Cristo, nuestra Pascua, ha sido sacrificado" (5:7).

El apóstol Pablo aconsejó a los creyentes de la iglesia de Corinto diciendo que eran 'sin levadura', pues habían aceptado a Jesucristo y eran perdonados de sus pecados. En este caso, el ser 'sin levadura' representa a los 'hijos de Dios libres de pecados'.

Aunque aceptemos a Jesucristo y recibamos el perdón de los pecados, debemos limpiar la levadura vieja para poder convertirnos en personas totalmente nuevas. En este caso, la 'levadura vieja' se refiere a todos los tipos de pecado y maldad, los pensamientos que están en contra de la verdad, y los malos hábitos. Pablo dice que debemos limpiar la levadura vieja para convertirnos en nuevas personas.

Él continúa diciendo: "Porque aun Cristo, nuestra Pascua, ha sido sacrificado". La Pascua es la fiesta para recordar que Dios salvó al pueblo de Israel mientras hacía descender la plaga de la muerte de los primogénitos sobre Egipto (Éxodo 12:12). El pueblo de Israel mató un cordero, puso su sangre en los dos postes y en el dintel de las casas, y rápidamente comieron la carne asada al fuego, con pan sin levadura y con hierbas amargas a fin de evitar la plaga.

El cordero representa a Jesucristo, y la sangre es la preciosa sangre del Señor. Siendo así, decir que 'Cristo es nuestra Pascua' significa que Jesucristo se convirtió en el sacrificio expiatorio que nos dio salvación.

Jesucristo se sacrificó a Sí mismo en la cruz para redimirnos de nuestros pecados, y no podremos ser salvos si continuamos viviendo en pecado. Esta es la razón por la que tenían que expulsar de la iglesia a la persona que cometió el pecado de inmoralidad sexual voluntariamente.

"Por tanto, celebremos la fiesta no con la levadura vieja, ni con la levadura de malicia y maldad, sino con panes sin levadura de sinceridad y de verdad" (5:8).

En este verso, la 'fiesta' representa la Pascua. En la actualidad transmitimos el significado espiritual de la Pascua con la celebración del Domingo de Resurrección. Es la ocasión para celebrar el hecho de que Jesús derramó Su sangre en la cruz y luego venció la autoridad de la muerte por medio de Su resurrección. Jesucristo es el Señor del Día de Reposo y, en este contexto, la 'fiesta' se refiere también a todos los domingos, no solo al Domingo de Resurrección (Mateo 12:8).

Cuando guardamos estas festividades, debemos abstenernos de la levadura vieja y el malvado corazón para vivir una vida santa. Luego debemos adorar en espíritu y en verdad (Juan 4:24).

La malicia es la intención de cometer un acto ilegal o de causar daño sin una justificación o excusa legítima. La iniquidad es algo muy malo en lo moral, que está lleno de pecado. Antes de adorar a Dios, primero debemos reflexionar en nuestro ser para descubrir si hemos cometido algún tipo de pecado. Si es así, debemos arrepentirnos primero para poder tener un corazón apto para adorar.

Los pecados de malicia no son aceptables. A veces vemos a los que cometen estos pecados. Si en verdad se arrepienten y cambian, Dios tendrá misericordia de ellos y los transformará en personas fieles y veraces.

Luego, dijo Pablo: *"...celebremos la fiesta...con panes sin levadura de sinceridad y de verdad".* Jesús dijo: *"Yo soy el pan de la vida. ...Yo soy el pan vivo que descendió del cielo..."* (Juan 6:48-51).

Él explica que podemos ir por el camino de la vida eterna cuando ofrecemos a Dios un sacrificio vivo en espíritu y verdad, con un corazón puro y veraz, luego de limpiar la levadura vieja.

No anden en compañía de personas inmorales

"En mi carta os escribí que no anduvierais en compañía de personas inmorales; no me refería a la gente inmoral de este mundo, o a los avaros y estafadores, o a los idólatras, porque entonces tendríais que salir del mundo" (5:9-10).

Pablo escribió un mismo tipo de carta, y la envió a muchas iglesias. En ella advirtió a los miembros de las iglesias que no se relacionaran con la gente inmoral. Debemos entender el tipo de actitud que la iglesia debe mostrar a los que son inmorales en lo sexual en la iglesia.

En 2 Tesalonicenses 3:6, Pablo advierte a los creyentes: *"Ahora bien, hermanos, os mandamos en el nombre de nuestro Señor Jesucristo, que os apartéis de todo hermano que ande desordenadamente, y no según la doctrina que recibisteis de nosotros"*. En los versos 14 y 15, continúa diciendo: *"Y si alguno no obedece nuestra enseñanza en esta carta, señalad al tal y no os asociéis con él, para que se avergüence. Sin embargo, no lo tengáis por enemigo, sino amonestadle como a un hermano".*

Todas las palabras escritas en las cartas son la Palabra de Dios. Así que Pablo les dice que no se relacionen con los que desobedecen estas palabras para que no sean avergonzados.

Si los que son avergonzados tienen tan solo un poco de fe, se arrepentirán e intentarán regresar a los límites de los hermanos en la fe, habiendo comprendido que los hermanos se alejaron de ellos por causa de sus pecados.

Por el contrario, si no tienen esta fe, abandonarán la iglesia pensando que hay muchas otras iglesias. Los que verdaderamente creen en Dios, no actuarán de este modo.

Por consiguiente, al decir: "...señalad al tal y no os asociéis con él, para que se avergüence", expresaba una manera de permitir que el pecador se arrepintiera, no un modo de odiarlo. Mantenga en mente que, mientras los miembros de la iglesia se alejan de aquel, uno de sus amigos más cercanos debe aconsejarle que se aleje de sus pecados.

Hablemos ahora sobre los tipos de inmoralidades sexuales que existen.

Primero: la inmoralidad física

Si una persona casada tiene una relación sexual con otra persona aparte de su cónyuge, o si una persona soltera mantiene relaciones sexuales, estos son actos de inmoralidad.

Estos son pecados ante Dios. No obstante, hay parejas casadas que no han podido tener una ceremonia de matrimonio por varias razones. En este caso, no decimos que están en pecado ya que son reconocidos como marido y mujer por parte de otras personas. No obstante, sin duda es mejor para ellos tener la ceremonia matrimonial para que su matrimonio sea reconocido oficialmente.

Segundo: el adulterio espiritual

Dios nos dio vida. Él hizo también el semen en el hombre y el óvulo en la mujer. Él engendró nuestro espíritu y Él es nuestro Padre que nos guía en el camino a la vida eterna y quien habitará con nosotros por siempre en el reino de los Cielos.

Por consiguiente, es responsabilidad de los hijos de Dios, amarlo a Él primero. Mas si aman algo o alguien más que a Dios, caen en adulterio espiritual.

Por ejemplo: si alguien ama a sus padres, esposa o hijos, o la fama, el poder social, el conocimiento, el dinero o los placeres del mundo más que a Dios, cae en inmoralidad espiritual.

Tercero: el adulterio cometido en el corazón

Jesús dijo en Mateo 5:27-28: *"Habéis oído que se dijo: "No cometerás adulterio". Pero yo os digo que todo el que mire a una mujer para codiciarla ya cometió adulterio con ella en su* corazón".

En el Antiguo Testamento, un pecado era considerado como tal únicamente si se lo cometía a manera de acción. Pero en el Nuevo Testamento, ¿por qué se lo considera pecado aunque esté solo en el corazón?

En los tiempos del Antiguo Testamento, debían superar los pecados solamente con su fuerza, y por eso, no era un pecado a menos que se lo cometiera como acción. Pero en el Nuevo Testamento, podemos controlar nuestro corazón con la ayuda del Espíritu Santo, y por eso, no solo nuestras acciones sino también nuestros pensamientos pecaminosos son considerados pecados.

Ya que el Espíritu Santo mora en nosotros, podemos recibir la fortaleza de lo alto por medio de nuestras oraciones, y podemos controlar el corazón y abstenernos del pecado con esa fortaleza. Es decir, podemos circuncidar el corazón. De este modo, podemos tener un corazón limpio y puro.

En el tiempo del Antiguo Testamento solamente eran necesarias las obras de santidad, pero en los tiempos del Nuevo Testamento debemos tener santidad de corazón. Dios dice que, aunque tengamos obras santas en lo externo, seguimos siendo pecadores si nuestro corazón no está limpio.

¿Cómo podemos abstenernos de la mente adúltera?

Si creemos en el poder de Dios y oramos con sinceridad, el Espíritu Santo quitará nuestro deseo de cometer adulterio en el corazón, y poco a poco dejaremos de sentir cualquier tipo de agitación. A continuación las etapas para abstenernos de la mente adúltera:

Primera etapa: es aquella en la que, mediante la oración constante, bloqueamos la mente adúltera que inunda nuestro corazón por medio del pensamiento.

Incluso una mujer con esposo puede cometer adulterio en el corazón cuando ve un hombre muy atractivo. Un hombre que tiene una esposa puede cometer adulterio en el corazón cuando ve una mujer hermosa, una fotografía de una mujer desnuda, o una situación de adulterio.

Aunque no cometa el acto de adulterio, ¿qué debe hacer cuando estos pensamientos llegan a su mente? Debe creer en el poder de Dios y orar de manera continua y persistente. Finalmente podrá bloquear estos pensamientos si continua orando: "Dios, dame las fuerzas para no tener una mente adúltera. Capacítame para controlar y bloquear mis pensamientos".

Claro está que la oración no lo es todo; deben esforzarse por no tener este tipo de pensamientos adúlteros. Al final lograremos controlar nuestros pensamientos por medio de la gracia de Dios y la ayuda del Espíritu Santo cuando pidamos Su ayuda de este modo.

Segunda etapa: concierne al nivel en el que podemos ejercer control sobre nuestro corazón.

En este nivel, aunque veamos una escena de adulterio,

no tendremos pensamientos adúlteros en primer lugar si es que tomamos la decisión de no tenerlos. Ya que no tenemos ningún pensamiento adúltero, nuestro corazón tampoco lo será. El adulterio del corazón viene a nosotros por medio de los pensamientos, junto con los sentimientos. Pero cuando los bloqueamos, los pensamientos pecaminosos no se acercan a nosotros.

Etapa tres: este es el nivel en el que dejamos de tener cualquier pensamiento de este tipo sin importar lo que veamos.

En este nivel no sentimos ninguna agitación de pensamientos o mente, sin importar cuán adúltera y sensual sea la escena. Así, dejamos de tener una mente adúltera. En el metro o en el bus quizás tengamos contacto con algunas personas de manera involuntaria. Pero aun en estas ocasiones, no tendremos una mente ni pensamientos adúlteros. Este es el nivel en el que el adulterio en sí no tiene ninguna relación con nosotros.

Cuarta etapa: en esta etapa no podremos pensar en estas cosas aunque lo intentemos.

No podremos tener una mente adúltera aunque nos esforcemos por tenerla. Estaremos siempre llenos del Espíritu Santo ya que no tendremos ningún pensamiento de este tipo.

Distanciarse del mundo

El verso 10 continua diciendo: "...no me refería a la gente

inmoral de este mundo, o a los avaros y estafadores, o a los idólatras, porque entonces tendríais que salir del mundo". Pablo dice que no se refería a que debían apartarse de toda la gente del mundo que es inmoral, llena de avaricia, estafadora, e idólatra porque no viven de acuerdo a la Palabra de Dios.

Si no debían relacionarse con estas personas del mundo, entonces les habría sido necesario salir del mundo, lo que significa que solo existirían el Cielo y el Infierno. Debemos vivir y trabajar con la gente del mundo mientras vivimos en este mundo, para que también los podamos llevar a Cristo.

Sin embargo, hay veces en las que no debemos relacionarnos con ellos, a pesar de estar viviendo juntos en este mundo. Supongamos que esos adúlteros, codiciosos, estafadores o idólatras son nuestros colegas o amigos.

Quizás tengamos una amistad con ellos y les hablemos para hacerles conocer a Dios. Pero si estamos a punto de mancharnos con sus actos de adulterio, estafa o idolatría, debemos alejarnos de ellos en ese momento. De este modo no iremos tras ellos al hacer las cosas incorrectas.

Supongamos que su hijo tiene amigos que le conducen a hacer cosas malas. Usted ciertamente deseará que su hijo se aleje de sus amigos. De igual manera, Dios nos dice que no nos relacionemos con estas personas si existe la posibilidad de que vayamos tras sus acciones pecaminosas.

¿Qué pasaría si uno de sus colegas o amigos le pide que vaya con él a un lugar lleno de lascivia y pecado? ¿Irá con él debido a que es su amigo? Obviamente debemos rechazar ese pedido. Si usted no logra hacer que aquel se aleje de sus pecados, entonces usted debe alejarse de él también.

Pero si podemos guardar nuestro corazón y pensamientos mientras nos levantamos en la roca de la fe y no nos dejamos tentar por nada, entonces no debemos alejarnos de dichas personas.

Ser avaro es ser codicioso. Cada acción que va más allá de nuestros límites, es un acto de avaricia. Por ejemplo: una persona visita a su vecino y ve algo lindo que ella también desea. A pesar de que necesita practicar una estricta restricción financiera, compra el objeto para sí de todas maneras. Otro ejemplo es una persona que no puede dejar de comer a pesar de estar satisfecha.

Estafar es obtener dinero o propiedades a través del fraude o el engaño. Esto incluye la usura, tomar las cosas por la fuerza y tratar de obtener muchas ganancias tras haber contribuido solo un poco.

La idolatría es hacer imágenes de hombres, mujeres, animales o cuerpos celestiales usando madera, piedra, metal, oro o plata, y adorarlas como dioses.

En Deuteronomio 4:23 dice: *"Guardaos, pues, no sea que olvidéis el pacto que el SEÑOR vuestro Dios hizo con vosotros, y os hagáis imagen tallada en forma de cualquier cosa que el SEÑOR tu Dios te ha prohibido"*. Un ídolo sin vida es nada y no tiene ningún poder en absoluto. Adorar cualquier otro dios o cosa en lugar de adorar al verdadero Dios el Creador tendrá consecuencias dañinas.

> "Sino que en efecto os escribí que no anduvierais en compañía de ninguno que, llamándose hermano, es una persona inmoral, o avaro, o idólatra, o difamador, o borracho, o estafador; con ése, ni siquiera comáis" (5:11).

Un 'hermano' representa un hermano en la fe. Si un cristiano es sexualmente inmoral, avaro, idólatra, difamador, borracho o estafador, Dios nos dice que con aquel ni siquiera comamos.

Ser avaro es tener un desordenado deseo de riqueza o posesiones o las pertenencias de los demás. Se refiere también a una persona que tiene un excesivo deseo de alimentos u otras posesiones. Difamar es usar un lenguaje muy sucio y abusivo que uno ni siquiera puede mencionar.

En este caso, "con ése, ni siquiera comáis" no significa que no debemos comer o relacionarnos con esa persona en la iglesia porque entonces significaría que no hay amor en la iglesia. Este verso significa que no debemos ir tras sus acciones pecaminosas.

Mencioné antes sobre la relación con los no creyentes, y es igual con los hermanos en la fe. Si tenemos una fe débil, debemos evitar a estos hombres pecaminosos ya que quizás nos veamos afectados por ellos y por la debilidad quizás cometamos pecados junto a ellos. Pero si nos levantamos en la roca de la fe, no tendremos que evitarlos. Podremos aconsejarles con amor para que lleguen al arrepentimiento, o guiarlos para que vivan en la verdad al plantar fe en ellos.

> "Pues ¿por qué he de juzgar yo a los de afuera? ¿No juzgáis vosotros a los que están dentro de la iglesia ? Pero Dios juzga a los que están fuera. Expulsad de entre vosotros al malvado" (5:12-13).

Juzgar es discernir un asunto revelado como correcto o incorrecto de acuerdo a la verdad. Tiene un significado diferente cuando la Biblia nos dice que no juzguemos. Esto significa que no debemos emitir juicios acerca de asuntos que no se han revelado con claridad. Solo Dios conoce el corazón del hombre, y un juicio sería un muro de pecado que se levanta entre Dios y nosotros.

Pero podemos discernir si las personas del mundo, los no creyentes están en lo correcto o incorrecto de acuerdo a la verdad. Si ellos son avaros, inmorales, idólatras, blasfemos, borrachos o estafadores entonces entendemos que se han levantado en contra de la verdad. Pero ni siquiera debemos juzgarlos porque Dios los juzgará de acuerdo a Su voluntad.

Cuando los no creyentes son borrachos, no tenemos que decirles: "¿Por qué bebes tanto? ¡Deja de beber y vive en la verdad!" Dios los juzgará; nosotros no tenemos que hacerlo.

Por el contrario, supongamos que un hermano en la fe ha acudido a un adivino. Entonces debemos entender que se ha convertido en un idólatra, ya que no tiene fe. Podía haber orado a Dios y recibir la respuesta de Su parte, pero decidió consultar a los demonios. Por esto no podemos decir que aquel tiene fe. Podemos discernir este caso de acuerdo a la verdad.

Expulsar al malvado

El verso 13 continua diciendo: "Expulsad de entre vosotros al malvado". En el verso 11 se nos dijo que no nos relacionemos con el malvado, pero ahora nos dice que lo expulsemos.

¿Cuáles serían las consecuencias si hacemos concesiones por los hermanos en la fe que son inmorales, avaros, idólatras, borrachos y estafadores? La iglesia no puede darles ningún título o posición, y probablemente los miembros no se sentirán cómodos relacionándose con aquel. Así, de manera natural serán apartados incluso en la iglesia.

En este caso, será una bendición si se arrepienten y cambian. Por el contrario, si se quejan y cometen más pecados, su consciencia se cauterizará. Al final la verdad no entrará en ellos, y como se explica en el verso 1, quizás cometan pecados inaceptables tales como las relaciones sexuales con la esposa del padre.

Los que ya han alcanzado el nivel de pecado del que ya no pueden alejarse, tienen un corazón tan endurecido que no pueden arrepentirse. Es por eso que la Biblia nos dice que los expulsemos de la iglesia. De lo contrario, estos se convertirán en la levadura mala que afectará a los creyentes.

En Mateo 18:15-18 dice: *"Si tu hermano peca, ve y*

repréndelo a solas; si te escucha, has ganado a tu hermano. Pero si no te escucha, lleva contigo a uno o a dos más, para que toda palabra sea confirmada por boca de dos o tres testigos. Y si rehúsa escucharlos, dilo a la iglesia; y si también rehúsa escuchar a la iglesia, sea para ti como el gentil y el recaudador de impuesto. En verdad os digo: todo lo que atéis en la tierra, será atado en el cielo; y todo lo que desatéis en la tierra, será desatado en el cielo".

Este pasaje nos dice que, cuando un hermano peca, no debemos hacer conocer esto a las demás personas, sino que debemos acudir a aquel primero solos, y aconsejarle que viva en la Palabra de Dios. Si el hermano escucha y se arrepiente, significa que se ha ganado al hermano porque recibirá salvación.

Si no escucha el consejo, entonces se debe ir a él con dos personas más que estén en un nivel espiritual superior para reprenderlo. Debemos hacerle entender que está en pecado y que debe acercarse al camino de Dios, y las dos o tres personas deben servir de testigos. Si aun así no escucha, la iglesia debe estar alerta.

Si no escucha ni siquiera al pastor de la iglesia o alguien equivalente, entonces debemos considerarlo como un 'gentil' o un 'recaudador de impuestos'. En este contexto, un gentil es alguien que no cree en Dios, y un recaudador de impuestos es considerado un pecador. Por tanto, esto significa que debemos considerarlo como un no creyente del mundo o un pecador.

Mateo 18:18 dice: *"En verdad os digo: todo lo que atéis*

en la tierra, será atado en el cielo; y todo lo que desatéis en la tierra, será desatado en el cielo". Cuando un representante de la iglesia le aconseje y este se arrepienta, entonces Dios lo reconocerá también. De lo contrario, será entregado a Satanás. Por consiguiente, los representantes de la iglesia deben tener amor para soportar y orar por esta persona hasta el final.

Este verso no se puede aplicar a los nuevos creyentes que han aceptado al Señor. Los que recientemente han comenzado a asistir en realidad no entienden la Palabra de Dios; ni siquiera saben lo que es el pecado. A pesar de que la conocen, carecen de fuerza y poder para practicar la Palabra.

Por ende, no debemos pensar que debemos evitarlos porque siguen pecando, sino más bien debemos plantar fe en ellos y permitirles llegar a la verdad cada vez más.

Pero cuando aquellos que tienen fe e incluso una posición en la iglesia cometen pecados tan graves, no debemos relacionarnos con ellos.

Capítulo 6

JUICIOS ENTRE LOS CREYENTES

— Problemas entre los miembros de la iglesia
— Los santos juzgarán al mundo
— Para vergüenza vuestra
— Pecados que llevan a la muerte
— Aquello por lo que debemos vivir
— Significado espiritual de la ramera

Problemas entre los miembros de la iglesia

"¿Se atreve alguno de vosotros, cuando tiene algo contra su prójimo, a ir a juicio ante los incrédulos y no ante los santos?" (6:1)

En el capítulo 6, Pablo escribe acerca de la voluntad de Dios respecto a los juicios entre hermanos en la fe y explica las maneras de resolver los problemas que se den en la iglesia.

Podemos convertirnos en 'personas injustas', al igual que la mencionada por Pablo, y no recibir la salvación si es que no entendemos adecuadamente la voluntad de Dios con respecto a los juicios. Algunos quizás piensen que no se involucrarán en una situación así en la iglesia, primeramente porque son cristianos fieles.

No obstante, podremos dar las respuestas adecuadas en acuerdo a la verdad cuando los nuevos creyentes u otros hermanos en la fe busquen consejos en nosotros respecto a los juicios.

En el primer verso del capítulo 6 podemos ver que había un juicio interpuesto entre los miembros de la iglesia de Corinto. Un creyente estaba enjuiciando a otro hermano en la fe por un asunto legal ante los injustos.

El término 'injusto' se refiere a la gente del mundo que conoce la verdad ni vive de acuerdo a la Palabra de Dios. Podemos decir también que los miembros de la iglesia que dudan de la Palabra de Dios y no viven de acuerdo a ella, son 'injustos'.

Por lo tanto, si nos acercamos a una persona así en la iglesia, con un problema de estos, equivale a pedir a un no creyente injusto que resuelva el problema. Esto no es correcto. Tampoco es adecuado que nosotros enjuiciemos a un hermano en la fe en las cortes del mundo.

El funcionamiento de la ley del mundo no puede operar en la misma manera que la ley de Dios escrita en la Biblia. Dios nos dice que amemos a nuestros enemigos, consideremos a los demás superiores a nosotros mismos y que entendamos y perdonemos a los demás. Además nos dice que 'seremos exaltados cuando sirvamos' y 'ganaremos cuando perdamos'.

Solo la Palabra de Dios es la verdad que jamás cambia, y podemos vivir una vida feliz solo si seguimos la Palabra. No obstante, muchas personas rehúsan vivir de acuerdo a la Palabra de Dios y van tras sus propios intereses.

Además, la ley del mundo y la ley de Dios no son lo mismo. Por lo tanto, ¡cuán necio es que los creyentes confíen en las leyes del mundo en lugar de depender solamente de la ley de Dios!

Es por esto que el apóstol Pablo reprendió a los creyentes en la iglesia de Corinto ya que no trataban de resolver los problemas dentro de la iglesia entre los hermanos en la fe, sino que acudían a la gente injusta que no conocía la verdad.

Los santos juzgarán al mundo

"¿O no sabéis que los santos han de juzgar al mundo? Y si el mundo es juzgado por vosotros, ¿no sois competentes para juzgar los casos más triviales?" (6:2)

Leemos que los santos juzgarán al mundo. ¿Quiénes son los santos? Cuando una persona se registra en la iglesia, decimos que se convierte en un miembro de la misma. Entre los miembros de la iglesia, los que guardan la Palabra de Dios en su corazón, hacen de ella su alimento espiritual y la ponen en práctica en sus vidas son llamados 'santos'.

¿Por qué se los llama 'santos'? ¿Acaso se refiere esto a aquellos que viven en extrema santidad?

En Juan 14:6 leemos: *"Jesús le dijo: Yo soy el camino, y la verdad, y la vida; nadie viene al Padre sino por mí"*. Solamente la Palabra de Dios es la verdad que es inmutable por siempre. Por consiguiente, la Palabra de Dios será reconocida en verdad por aquellos que creen en las promesas de Dios en la

Biblia y siguen Su Palabra.

Si Dios no está vivo, la Biblia también está muerta y no podría ser la verdad. Sin embargo, ¡Dios vive! Él existe desde antes y por toda la eternidad, jamás cambia y Su Palabra es la verdad absoluta. Además Jesucristo es Su Hijo unigénito que vino a este mundo y Él también es la Palabra y la verdad en Sí.

La Palabra de Dios, que es la verdad, es santa, por eso, a quienes la siguen los podemos llamar 'santos'. Por otro lado, los que solamente asisten a la iglesia se llaman 'feligreses'.

Claro está que también los podemos llamar 'nuevos creyentes' o 'nuevos asistentes'. La razón por la que venimos a la iglesia y nos registramos como sus miembros es para convertirnos en hijos de Dios y recibir salvación. Lo hacemos para escuchar la Palabra de Dios y seguir el camino santo. Así que es completamente apropiado llamar 'santos' a los nuevos creyentes.

Hay algunos que están 'parados sobre la roca de la fe'. Hay otros que se están esforzando por vivir de acuerdo a la Palabra de Dios pero que todavía no están parados sobre la roca de la fe.

Pablo dijo: "¿O no sabéis que los santos han de juzgar al mundo?" En este caso, los 'santos' son los hijos de Dios que se levantan sobre la roca de la fe. Ellos tienen la habilidad para juzgar al mundo. Como expliqué arriba, cuando hay problemas en el mundo, ellos pueden discernir si ciertas cosas son correctas o incorrectas, o si falsas o verdaderas de acuerdo a la verdad.

Es por eso que Pablo pregunta cómo es que no pudieron encargarse del problema entre hermanos en la fe, cuando se supone que los santos pueden juzgar los asuntos de este mundo. Los que se paran sobre la roca de la fe tienen la habilidad de resolver los problemas que se levantan entre los hermanos en la fe, y por ende, los creyentes no tienen razón para acudir a los juicios del mundo.

> **"¿No sabéis que hemos de juzgar a los ángeles? ¡Cuánto más asuntos de esta vida!" (6:3)**

El tercer verso es un suplemento del verso anterior. Podemos entender acerca de los ángeles a través de la Biblia. Juzgar ángeles no significa que los juzgaremos con una mente malvada sino discernir las cosas de acuerdo a la verdad.

Por ejemplo: en base a 2 Pedro 2:4, entendemos que Dios no perdonó a los ángeles cuando pecaron, sino que los arrojó al Infierno y los entregó a prisiones de oscuridad que están reservadas para el juicio.

Así también, en Judas 1:6 leemos: *"Y a los ángeles que no conservaron su señorío original, sino que abandonaron su morada legítima, los ha guardado en prisiones eternas, bajo tinieblas para el juicio del gran día".*

La Biblia habla acerca de los ángeles que hacen descender la lluvia, mueven las nubes, ángeles poderosos y ángeles potentes, como en 2 Pedro 2:11 que menciona a ángeles que son mayores en fuerza y en potencia.

Lucas 1:19 menciona a Gabriel, diciendo [a Zacarías]: *"Respondiendo el ángel, le dijo: Yo soy Gabriel, que estoy en la presencia de Dios, y he sido enviado para hablarte y anunciarte estas buenas nuevas"*. Esta fue la escena en la que apareció Gabriel para dar las nuevas del nacimiento de Juan el Bautista.

Asimismo, Daniel 10:13 expresa: *"Mas el príncipe del reino de Persia se me opuso por veintiún días, pero he aquí, Miguel, uno de los primeros príncipes, vino en mi ayuda, ya que yo había sido dejado allí con los reyes de Persia"*. Tenemos un registro respecto al arcángel Miguel. Podemos discernir acerca de los ángeles en el reino espiritual a través de la Biblia, aunque no los podemos ver con nuestros ojos.

Por tanto, al decir: "¿No sabéis que hemos de juzgar a los ángeles? ¡Cuánto más asuntos de esta vida!", Pablo enfatiza que podemos juzgar los asuntos de este mundo porque podemos juzgar a los seres espirituales, como a los ángeles.

> **"Entonces, si tenéis tribunales que juzgan los casos de esta vida, ¿por qué ponéis por jueces a los que nada son en la iglesia?" (6:4)**

Quizás existan algunos problemas entre los creyentes por causa de los asuntos de este mundo. Por tanto, si ocurre algo así en la iglesia, ¿qué debemos hacer si dos personas tienen una discusión o problema y no pueden solucionarlo dentro de la iglesia?

Los santos que se levantan en la roca de la fe pueden discernir entre lo correcto e incorrecto con la Palabra de Dios, y así, debemos permitirles que resuelvan la situación. Sin embargo, no hicieron eso en la iglesia de Corinto. Es por esto que Pablo indicó que habían designado como jueces a los que no tenían ninguna relación con la iglesia.

Si se da una disputa entre los hermanos en la fe por causa de asuntos del mundo y se enjuician unos a otros, sus actos corresponden a los de la gente injusta que no vive en la verdad.

Por ejemplo: supongamos que una persona que no vive en la verdad está calumniando y criticando a una persona de la iglesia. Supongamos también que alguien más escuchó y se une a sus críticas. Cuando algunas personas se unen a esto, se crea un grupo.

Cuando le ocurra algo a un miembro de este grupo, naturalmente acudirá a sus amigos injustos para preguntarles qué debe hacer. ¿Será apropiado el consejo que le den estas personas injustas? ¿Será la manera correcta de resolver el problema? ¡Lo más probable es que no lo sea! Los que son injustos no pueden dar una respuesta dentro de la verdad porque ellos mismos no viven en la verdad. Es por esto que Pablo preguntó: "¿Por qué ponéis por jueces a los que nada son en la iglesia?", enfocando el hecho de que no era correcto hacer esto.

Para vergüenza vuestra

> "Para vergüenza vuestra lo digo. ¿Acaso no hay entre vosotros algún hombre sabio que pueda juzgar entre sus hermanos, sino que hermano contra hermano litiga, y esto ante incrédulos?" (6:5-6)

El apóstol Pablo dijo en 1 Corintios 4:14: *"No escribo esto para avergonzaros, sino para amonestaros como a hijos míos amados"*. Por el contrario, en este caso dijo: "Para vergüenza vuestra lo digo". Esto se debe a que la situación era completamente distinta de aquella en el cuarto capítulo de 1 Corintios.

En 1 Corintios 4 vemos que cuando injuriaban a los apóstoles, estos lo aceptaban como bendición; cuando eran perseguidos, lo soportaban, cuando los calumniaban, trataban de apaciguar las cosas. Esta es la manera correcta, y los creyentes en la iglesia de Corinto debían haber hecho lo mismo. Sin embargo, no lo hicieron.

Pablo no deseaba jactarse de sí mismo ni avergonzar a los creyentes de Corinto; simplemente deseaba enseñarles con el corazón de un padre que las obras de los apóstoles eran correctas.

Mas, en el verso 5, Pablo dice: "Les digo esto para vergüenza de ustedes". Dejó en claro que no iba a decir algo bueno a sus hijos amados, sino que debía decirlo para avergonzarlos a fin de señalar sus malas acciones. Aunque posiblemente se sintieron avergonzados, Pablo lo dijo para que lo guardaran en sus mentes y que así no volvieran a actuar de la misma manera.

Los hijos de Dios no deben enjuiciarse unos a otros. No obstante, en la iglesia de Corinto, los hermanos en la fe eran rápidos para enjuiciarse unos a otros, y lo hacían ante los no creyentes. Es por eso que Pablo tuvo que decir que les hablaba para avergonzarlos.

Cómo resolver problemas en el Señor

¿Qué debemos hacer si tenemos un asunto del mundo con otro hermano en la fe? Para resolverlo, debemos seguir el orden de la iglesia. Si usted es un creyente laico, primero debe consultar a su líder de célula. Si aquel no puede resolver el problema, debe acudir a la siguiente persona en el orden de la iglesia.

Al final puede acudir al pastor de la iglesia. Si el problema no se soluciona todavía, debe acudir al consejo de la iglesia, o una asamblea u organización que represente a toda la iglesia a fin de discernir lo correcto e incorrecto.

En la mayoría de casos estos asuntos se relacionan con dinero. Yo he venido aconsejando a los miembros de la iglesia que no tengan ningún tipo de intercambio monetario en la iglesia. Muchos malentendidos y problemas se dan por causa del dinero.

Si deben pedir dinero prestado debido a una emergencia, no deben pedirlo a ningún hermano en la fe, sino a personas fuera de la iglesia. Intercambiar dinero entre hermanos en la fe es desobedecer la Palabra de Dios, de modo que Satanás les causará conflictos y problemas.

He visto muchos miembros de la iglesia con dificultades por haber prestado o pedido dinero a otros miembros.

Algunos simplemente no pueden negarse cuando otra persona les pide dinero prestado, así que, incluso piden prestado a una tercera persona o lugar a fin de prestar el dinero a la primera persona. Sin embargo, muchos no devuelven lo pedido dentro del tiempo prometido. En Romanos 13:8 leemos: *"No debáis a nadie nada, sino el amaros unos a otros"*. Como está escrito, jamás debemos poner una carga sobre un hermano en la fe por causa del dinero.

> "Así que, en efecto, es ya un fallo entre vosotros el hecho de que tengáis litigios entre vosotros. ¿Por qué no sufrís mejor la injusticia? ¿Por qué no ser mejor defraudados? Por el contrario, vosotros mismos

cometéis injusticias y defraudáis, y esto a los hermanos" (6:7-8).

Si un hermano en la fe enjuicia a otro hermano en la fe, esto demuestra que esta persona es injusta y que no vive en la verdad; no es un hijo de Dios. Esto revela que es un creyente falso, aunque parezca que tiene una fe apasionada al trabajar fielmente en la iglesia.

¿Qué debe hacer si otro hermano en la fe lo enjuicia a usted? Si usted tiene fe verdadera, estará dispuesto a asumir la pérdida causada en lugar de pelear en contra de la persona a fin de revelar quién tiene la culpa. Es por esto que el apóstol Pablo advierte en el verso 7 que es mejor sufrir la injusticia y ser defraudados antes que discutir y convertirse en una mala persona.

Pero aquellos nuevos creyentes que no conocen la verdad muy bien tienden a pensar que es correcto revelar quién es inocente al pelear de acuerdo a la justicia.

Aunque estemos en lo incorrecto y seamos defraudados, en realidad no es una pérdida. Ciertamente Satanás perderá y la justicia ganará solo si vivimos en la verdad. Dios habita en la justicia y examina el corazón del hombre. De este modo, momentáneamente quizás parezca que se sufre una pérdida, pero Dios con certeza obrará para el bien de todo en el momento propicio.

Por ende, no deben darse juicios entre los hermanos en la

fe. No obstante, los miembros de la iglesia de Corinto actuaron con injusticia, revelando la maldad que existía entre ellos. En la iglesia había personas injustas que pretendían ser hijos de Dios y vivir en la verdad. Pero luego se dio a conocer que no eran hijos de Dios, y tampoco vivían en la verdad. Después de todo, se engañaban unos a otros.

Este tipo de cosas injustas no deberían ocurrir en las iglesias. Aun entre los no creyentes, si enjuician a un miembro de su propia familia, la gente diría que es un acto de maldad. ¿Cómo podrían aceptarse los juicios entre hermanos en la fe que creen en Dios? Si ocurre algo así, estas personas con certeza son injustas.

En Santiago 1:22 leemos: *"Sed hacedores de la palabra y no solamente oidores que se engañan a sí mismos"*. Como está escrito, si tan solo se escucha pero no se pone en práctica la Palabra, entonces es un mentiroso y se engaña a sí mismo. Si los creyentes en Corinto hubiesen creído en Dios en verdad, no se habrían enjuiciado entre ellos.

En el verso 8 leemos: "Por el contrario, vosotros mismos cometéis injusticias y defraudáis, y esto a los hermanos". Esto significa que enjuiciar a un hermano es un acto de injusticia; los hermanos en Corinto decían creer en Dios aun después de enjuiciar a sus hermanos. Es por esto que se engañaban unos a otros.

Dios nos dice que amemos aun a nuestros enemigos. Él nos ha permitido recibir salvación al sacrificar a Su Hijo unigénito, Jesús, en la cruz. Los que hemos recibido esta gracia de modo gratuito jamás debemos enjuiciar a un hermano en la fe.

Pecados que llevan a la muerte

"¿O no sabéis que los injustos no heredarán el reino de Dios? No os dejéis engañar: ni los inmorales, ni los idólatras, ni los adúlteros, ni los afeminados, ni los homosexuales, ni los ladrones, ni los avaros, ni los borrachos, ni los difamadores, ni los estafadores heredarán el reino de Dios" (6:9-10).

Incluso entre los creyentes, los que son injustos no heredarán el reino de Dios, lo que significa que no serán salvos. La Palabra de Dios se ha otorgado a los creyentes. Los no creyentes no tienen relación alguna con ella, en primer lugar.

Por tanto, los 'injustos' en este verso son los que dicen ser creyentes, pero que no viven de acuerdo a la Palabra de Dios; estos no serán salvos.

En Mateo 7:21, Jesús nos dice: *"No todo el que me dice: 'Señor, Señor', entrará en el reino de los cielos, sino el que hace la voluntad de mi Padre que está en los cielos"*. Así también, aunque actuemos como profetas, manifestando obras poderosas y expulsando demonios, el Señor dirá que no nos conoce si vivimos de modo desenfrenado.

No podemos ser salvos solo con decir que creemos en el Señor, guardar el Día del Señor, dar los diezmos y ayudar a los necesitados, sino al vivir de acuerdo a la Palabra de Dios. Aunque hagamos muchas cosas para Dios, Jesús dirá que jamás nos conoció si es que practicamos el desenfreno (Mateo 7:23).

Es posible que seamos engañados si es que no comprendemos esto con claridad. No solo los no creyentes pueden engañarnos; podemos ser engañados por personas que dicen creer, pero que practican la falta de rectitud porque no viven de acuerdo a la Palabra de Dios.

Algunos creyentes dicen que no debemos ser extremistas en la fe y nos alientan a asistir al Servicio Dominical Matutino e irnos a pescar, a escalar o de picnic en la tarde. Dicen que algunos ancianos de la iglesia también beben alcohol, y que por tanto, está bien beber solo algunas copas. Pero Dios nos dice que no seamos engañados por tales palabras.

¿Qué es entonces la injusticia? El verso 8 dice que es injusto enjuiciar a un hermano en la fe. Es más, la injusticia es todo lo que está en contra de la verdad y cada acto que no esté en acuerdo con la Palabra de Dios.

Los versos 9 y 10 mencionan algunas de las cosas que son

injustas.

La fornicación es una conducta sexual que es inmunda y lasciva. La idolatría no es solamente la adoración a imágenes de oro, plata, piedra o metal, sino también amar algo o alguien más que a Dios. El adulterio es una relación sexual entre un hombre y una mujer que no están legalmente reconocidos por Dios como 'atados' el uno al otro.

Un afeminado es considerado un hombre cuyo comportamiento, apariencia o habla es excesivamente característica de una mujer. Se encuentra estas cosas principalmente fuera de la iglesia, pero dentro de ella también hay algunos casos. Por ejemplo: a algunos hombres les gusta estar en compañía de mujeres y se comportan como ellas hasta cierto punto.

Los homosexuales no son perdonados por Dios ni pueden recibir salvación. Cuando aquellos que han sido homosexuales llegan a creer, deben arrepentirse y cambiar para poder ser perdonados. Pero si no se arrepienten sino que siguen haciendo lo mismo, significa que no pueden recibir salvación.

Ser un ladrón tiene varios significados, pero por lo general es robar las posesiones de alguien, con el corazón o las acciones. Judas Iscariote fue un ladrón; él robó dinero diciendo que estaba ayudando a los pobres.

Luego están los avaros y borrachos. Dios no se deleita con los que se emborrachan; el alcohol no produce ningún beneficio. La gente hace bebidas alcohólicas con fines placenteros, pero esto no significa que es una bebida saludable. Si vivimos en Jesucristo y en la verdad, de manera natural debemos dejar de beber.

La Biblia nos enseña que no debemos emborracharnos (Efesios 5:18). Cuando el alcohol ingresa en nuestro cuerpo, perdemos el control sobre él y la mente, y hacemos cosas que están en contra de la verdad. Algunos dicen que está bien beber un poco porque la Biblia nos dice únicamente que no nos embriaguemos.

Sin embargo, si uno bebe tan solo una copa, se embriaga en la misma medida. El alcohol irá a todas las partes de su cuerpo; si bebe un poco, se embriagará un poco, y si bebe mucho, se embriagará mucho. Por ende, no debemos decir que un par de vasos no es nada malo.

Los difamadores y estafadores se explicaron en el capítulo 5, verso 11. Los difamadores hablan lenguaje soez y los estafadores toman el dinero o posesiones de los demás usando el engaño. Este tipo de personas no heredarán el reino de Dios, lo que significa que no entrarán al reino de los Cielos.

Así que, si usted sigue practicando alguna de estas cosas, rápidamente debe confesar sus pecados y cambiar. *"Si confesamos nuestros pecados, El es fiel y justo para perdonarnos los pecados y para limpiarnos de toda maldad"*

(1 Juan 1:9). Pero si seguimos pecando aun después de confesar nuestros pecados y decir que no pecaremos de nuevo, esto es burlarse de Dios y significa que continuamos viviendo en pecado; no seremos salvos de este modo.

> **"Y esto erais algunos de vosotros; pero fuisteis lavados, pero fuisteis santificados, pero fuisteis justificados en el nombre del Señor Jesucristo y en el Espíritu de nuestro Dios" (6:11).**

Muchos de nosotros hemos sido personas injustas, pero hemos recibido el Espíritu Santo en Jesucristo y Él nos permite comprender lo que es el pecado y nos da fe.

Cuando nos arrepentimos y cambiamos, la sangre del Señor nos limpia. Aunque hemos pecado antes, si nos arrepentimos y cambiamos, Dios nos limpia por medio de la sangre del Señor Jesús quien fue crucificado. De este modo, alcanzaremos salvación.

No obstante, si tan solo decimos que creemos en Dios mientras seguimos cometiendo actos de injusticia, Él no lo reconoce como fe, y no podremos alcanzar salvación. Él considera como fe y nos salva cuando nos esforzamos por vivir de acuerdo a la Palabra de Dios y luchamos contra el pecado para alejarlo. Dios dirá que somos justos cuando nos volvamos más santificados por medio del proceso y el esfuerzo de batallar contra el pecado.

"Todas las cosas me son lícitas, pero no todas son de provecho. Todas las cosas me son lícitas, pero yo no me dejaré dominar por ninguna" (6:12).

'Todas las cosas me son lícitas' significa que tenemos la libertad para escoger vivir en la verdad o en la falsedad. Todo depende de nuestras decisiones, pero no todas nuestras decisiones son provechosas. Lo único provechoso es vivir en Jesucristo.

Para poder heredar el reino de los Cielos, debemos vivir en la verdad por completo, sin dejarnos dominar por nada. Debemos seguir con ánimo la voluntad de Dios. Si tenemos este tipo de fe, no seremos sacudidos ni siquiera cuando nuestros padres o jefes en el trabajo intenten detenernos de vivir en la verdad.

En cierta ocasión una creyente se me acercó y me pidió que orara por ella. Yo recordé que ella ya había sido sanada de su enfermedad una vez y había dado su testimonio.

— Pastor, por favor ore por mí. No puedo mover mi cuerpo ni usar mis manos por causa de la parálisis.

— Hermana, usted no ha guardado el Día del Señor. ¿No es así? Ya que recibió la gracia de Dios, tendría que haberlo hecho. ¿Por qué no lo hizo?

— Fui a trabajar los domingos porque tenía temor de mi esposo.

Ella había escuchado la noticia de las poderosas obras de Dios y llegó a nuestra iglesia, y fue sanada de su enfermedad. Sin embargo, más adelante se comprometió con el mundo por temor a la persecución de su marido.

En Mateo 10:28, Jesús dijo: *"Y no temáis a los que matan el cuerpo, pero no pueden matar el alma; más bien temed a aquel que puede hacer perecer tanto el alma como el cuerpo en el infierno"*. Si en realidad tenemos fe, no profanaremos el Día del Señor, que es una orden de Dios, aunque seamos perseguidos o azotados.

Dios permite que todas las cosas obren para bien cuando creemos que Dios está con nosotros y oramos. Dios llevará a la salvación a aquellos padres o cónyuges que causan persecución. Si guardamos nuestra fe sin ponerla en riesgo, quizás suframos persecuciones momentáneas de parte de la familia, pero al final lograremos evangelizarla.

Nosotros podemos incluso perder la salvación si ponemos en riesgo la fe por temor a las persecuciones. Por esto, debemos seguir con valentía la voluntad de Dios y actuar de acuerdo a la verdad, no temiendo algún inconveniente.

Aquello por lo que debemos vivir

"Los alimentos son para el estómago y el estómago para los alimentos, pero Dios destruirá a los dos. Sin embargo, el cuerpo no es para la fornicación, sino para el Señor, y el Señor es para el cuerpo. Y Dios, que resucitó al Señor, también nos resucitará a nosotros mediante su poder. ¿No sabéis que vuestros cuerpos son miembros de Cristo? ¿Tomaré, acaso, los miembros de Cristo y los haré miembros de una ramera? ¡De ningún modo!" (6:13-15)

Los alimentos son una necesidad para la vida. Podemos continuar viviendo solo si nos alimentamos y obtenemos nutrientes. Sin embargo, los alimentos perecerán al final. Cuando Dios llame nuestro espíritu, nuestro cuerpo también perecerá.

Todo perecerá de este modo. Por lo tanto, ¿qué es aquello por lo que deberíamos vivir? ¿Cómo podríamos vivir con falta de rectitud si sabemos que no heredaremos el reino de Dios si no alejamos de nosotros las obras de injusticia tales como la inmoralidad, idolatría, adulterio, afeminamiento, homosexualidad, robo, codicia, borracheras, difamación y estafa?

¿A qué se refiere cuando dice: "Sin embargo, el cuerpo no es para la fornicación, sino para el Señor, y el Señor es para el cuerpo"? Jesús murió en la cruz para poder guiarnos al reino de los Cielos, debido a que Él es nuestro cuerpo y es por eso que podemos heredar el reino de Dios.

No podremos escapar la caída en el Infierno si es que continuamos viviendo con injusticia como pecadores. Por consiguiente, es muy obvio que debemos vivir para el Señor quien trata con nuestro espíritu y nos lleva al reino de los Cielos con el poder de Dios.

El verso 14 dice: "Y Dios, que resucitó al Señor, también nos resucitará a nosotros mediante su poder". Él nos dará un cuerpo resucitado perfecto que no perecerá.

En el verso 15 leemos: "¿No sabéis que vuestros cuerpos son miembros de Cristo? ¿Tomaré, acaso, los miembros de Cristo y los haré miembros de una ramera? ¡De ningún modo!" Jesús dijo: *"Yo soy la vid, y ustedes son las ramas..."* (Juan 15:5 DHH). Somos ramas pegadas a la vid, así que somos uno con la vid. Somos uno con el Señor, y todos somos partes de Su cuerpo.

¿Cuán santo es el templo del Señor? Es irreprensible y sin

mancha. Entonces, las partes de este cuerpo también deben ser santas. Hay muchas ramas en un árbol, pero si una de ellas se daña, debemos cortarla para que el árbol entero pueda estar saludable. De la misma manera, si uno de nuestros brazos se pudre, no podemos tan solo dejarlo ahí, sino que debemos amputarlo.

¿Qué pasaría si una parte de nuestro cuerpo se ensucia justo después de tomar un baño? No podemos ir a la cama diciendo que está bien porque todas las demás partes del cuerpo sí están limpias, sino que debemos limpiarla también.

Por consiguiente, los hijos de Dios que son partes del cuerpo del Señor irreprensible y sin mancha, siempre deben llevar una vida santa. Si se ensucian, deben limpiarse inmediatamente.

Significado espiritual de la ramera

"¿O no sabéis que el que se une a una ramera es un cuerpo con ella? Porque El dice: 'Los dos vendrán a ser una sola carne. Pero el que se une al Señor, es un espíritu con El. Huid de la fornicación. Todos los demás pecados que un hombre comete están fuera del cuerpo, pero el fornicario peca contra su propio cuerpo" (6:16-18).

Anteriormente el apóstol Pablo advirtió a los miembros de la iglesia de Corinto, quienes son partes del cuerpo de Cristo, que no se unieran a una ramera. En este caso, la 'ramera' representa todo tipo de injusticia que se ha mencionado hasta ahora.

Fornicación, idolatría, adulterio, afeminamiento, homosexualidad, robo, codicia, borracheras, difamación y estafas; todas estas corresponden al sentido del término 'ramera'. No podemos hacer del cuerpo de Cristo uno de una ramera, es decir, un cuerpo inmundo de injusticia.

Nuestro Señor tiene un cuerpo santo y limpio. De este modo, no podemos deshonrar al Señor convirtiéndonos en un cuerpo inmundo. Esto es también deshonrar a Dios al emanar un mal olor, en lugar de emanar la fragancia de Cristo.

Nosotros no somos gente injusta; somos hijos de Dios que hemos sido limpiados por la preciosa sangre del Señor. Por consiguiente, no podemos actuar con injusticia, y si la tenemos en nosotros, debemos alejarla rápidamente.

En Romanos 1:18 dice: *"Porque la ira de Dios se revela desde el cielo contra toda impiedad e injusticia de los hombres, que con injusticia restringen la verdad"*. Así también, en Colosenses 3:25 leemos: *"Porque el que procede con injusticia sufrirá las consecuencias del mal que ha cometido, y eso, sin acepción de personas"*.

Dios no mira la apariencia externa sino el corazón. Tener una buena apariencia externa no tiene valor alguno si es que estamos llenos de injusticia por dentro. Dios no acepta al hombre por su apariencia, por tanto, nuestro corazón debe cambiar. Debemos actuar de manera santa no solo en lo externo; cada día debemos lavar nuestro corazón con la sangre del Señor para convertirnos en hijos de Dios santos y justos.

No es fácil para un hombre entender los significados espirituales en Dios. Los versos 16 y 17 explican el significado espiritual con una parábola para hacerlo de mejor comprensión para el hombre. El hombre debe dejar a sus padres para convertirse en un solo cuerpo con una mujer (Génesis 2:24), y de la misma manera, los que se unen a una ramera se harán un cuerpo con ella.

Esto significa espiritualmente que debían ser un solo cuerpo con Jesús, nuestro novio, pero no lo fueron. Jesús, nuestro novio, es la verdad. Debemos convertirnos en uno con la Palabra de Dios, pero si vamos tras la falsedad, seremos uno con la ramera.

Tal como he explicado antes, la ramera se refiere a todos los tipos de injusticias que están en contra de la verdad. Si tomamos una ramera, nos hacemos uno con ella, y de la misma manera, hacernos amigos del mundo, viviendo fuera de la Palabra de Dios, es 'hacernos rameras' y llegar a ser uno con ellas. Si nos hacemos inmundos al hacernos uno con una ramera, no podremos ser salvos.

Sin embargo, aquellos que están unidos con el Señor se harán un espíritu con Él. El Espíritu Santo nos permite comprender la Palabra de Dios y creerla, y señala nuestros pecados para que los alejemos.

Mientras más vivimos en la verdad, daremos origen al espíritu por medio del Espíritu Santo. Llegamos a ser completos hombres espirituales cuando alejamos la falsedad y vivimos en la verdad totalmente. En este punto, obtenemos el corazón de Jesucristo (Filipenses 2:5), y el espíritu del Señor llega a ser uno con nuestro espíritu.

El verso 18 dice: "Huid de la fornicación. Todos los demás pecados que un hombre comete están fuera del cuerpo, pero el fornicario peca contra su propio cuerpo".

Existen dos tipos de inmoralidad: el significado físico es la inmoralidad sexual, pero debemos entender también el significado espiritual.

A veces Dios es representado como la novia de Su pueblo.

En el Antiguo Testamento, los que no guardaban los mandamientos de Dios sino que adoraban ídolos o cometían pecados eran conocidos como adúlteros. Es decir, es tener inmoralidad si no habitamos en la Palabra de Dios.

¿Qué significa: "Todos los demás pecados que un hombre comete están fuera del cuerpo..."?

Cuando nos abstenemos de los pecados, no nos conectamos con ellos porque están fuera de nuestro cuerpo; somos liberados del pecado con la libertad de la verdad. Nos conectamos a los pecados porque los tenemos en nosotros. Si los alejamos de nosotros y habitamos en la luz y la verdad, no tendremos relación alguna con el pecado.

Supongamos que usted no tiene deseo alguno de aborrecer o matar a alguien. Entonces, esos pecados no tienen ninguna relación con usted; están fuera de su cuerpo. No obstante, los que tienen inmoralidad, es decir, los que se comprometen con el mundo y cometen injusticias, se mezclan con los pecados que estaban fuera de sus cuerpos y llegan a ser un solo cuerpo con la injusticia.

"¿O no sabéis que vuestro cuerpo es templo del

Espíritu Santo, que está en vosotros, el cual tenéis de Dios, y que no sois vuestros? Pues por precio habéis sido comprados; por tanto, glorificad a Dios en vuestro cuerpo y en vuestro espíritu, los cuales son de Dios" (6:19-20).

¿Quién nos dio nuestro cuerpo? Dios el Creador. En los tiempos del Antiguo Testamento el Espíritu Santo no habitó en el corazón del hombre sino que simplemente lo inspiró de manera externa para darle profecías. Por lo tanto, la gente no podía mantener una comunicación continua con Dios. Una vez que terminaba la inspiración, debían vivir únicamente en base a la fuerza de su voluntad. Por el contrario, en los tiempos del Nuevo Testamento, podemos comunicarnos con Dios todo el tiempo porque el Espíritu Santo ha venido a nuestro corazón.

Esto significa que nuestro cuerpo se ha convertido en el santuario en el que habita el Espíritu Santo. ¡Cuán glorioso y precioso! Ya que el Espíritu Santo habita en nosotros, no debemos convertirnos en uno con una ramera, es decir, con la injusticia. El Espíritu Santo es muy puro y sagrado. ¿Cuánto tendría que gemir si debe habitar en un lugar tan sucio e inmundo?

Mientras vivimos en la verdad, quizás a veces cometamos pecados, pero luego tendremos sentimientos difíciles y un tanto incómodos. Esto se debe a que el Espíritu Santo está gimiendo en nosotros porque debe habitar en la inmundicia. ¿Qué debemos hacer en estos casos? Debemos arrepentirnos y cambiar con rapidez para complacer al Espíritu Santo.

El pasaje continúa diciendo: "...y que no sois vuestros?" Antes solíamos vivir como deseábamos, una vida de pecado e injusticia. Sin embargo, hemos llegado a ser del Señor gracias al precio de Su sangre. Debido a que nos ha comprado con Su sangre, ya no pertenecemos a nosotros mismos.

Debemos vivir según la voluntad de Dios y del Señor y luchar contra el pecado para vivir una vida de santidad. Ya que nuestros cuerpos ya no nos pertenecen, no debemos usarlos como si fueran nuestros.

Nuestro Señor nos compró al derramar Su sangre pura y preciosa, nos dio Su gracia y vida eterna a un precio que no se puede cambiar por nada más en este mundo. Por consiguiente, debemos glorificar a Dios con nuestro cuerpo.

Tenemos que darle gloria a Dios y emanar la fragancia de Cristo, incluso para causar que muchos no creyentes digan: "Yo siento deseo de ir a la iglesia cuando te veo". Esta es la tarea de los creyentes en Dios.

En 1 Corintios 10:31 dice: *"Entonces, ya sea que comáis, que bebáis, o que hagáis cualquier otra cosa, hacedlo todo para la gloria de Dios"*. Romanos 14:7-9 expresa: *"Porque ninguno de nosotros vive para sí mismo, y ninguno muere para sí mismo; pues si vivimos, para el Señor vivimos, y si morimos, para el Señor morimos; por tanto, ya sea que vivamos o que muramos, del Señor somos. Porque para esto Cristo murió y resucitó, para ser Señor tanto de los muertos como de los vivos".*

Si en realidad creemos, debemos alejar la injusticia y llegar a ser uno con el Señor en la verdad. Debemos vivir para la gloria de Dios en todo lo que comemos, bebemos y hacemos.

Capítulo 7

EL MATRIMONIO

— Una vida matrimonial deseable
— Significado espiritual de 'privar'
— "Yo desearía que todos los hombres fueran como yo"
— El divorcio
— De acuerdo a la medida de la fe
— La diferencia entre las 'acciones externas' y el acto de 'guardar los mandamientos'
— "Es bueno que el hombre se quede como está"
— Las circunstancias de los padres de una doncella o de las viudas y viudos

Una vida matrimonial deseable

"En cuanto a las cosas de que me escribisteis, bueno es para el hombre no tocar mujer. No obstante, por razón de las inmoralidades, que cada uno tenga su propia mujer, y cada una tenga su propio marido. Que el marido cumpla su deber para con su mujer, e igualmente la mujer lo cumpla con el marido. La mujer no tiene autoridad sobre su propio cuerpo, sino el marido. Y asimismo el marido no tiene autoridad sobre su propio cuerpo, sino la mujer" (7:1-4).

Pablo dijo que era bueno que un hombre no tocara mujer ya que deseaba prevenir cualquier tipo de prueba en la iglesia.

El hecho de que un hombre no toque a una mujer significa que es mejor para nosotros vivir para Dios, preparándonos como novias del Señor en estos últimos días, ya que Jesús vino a este mundo. No obstante, si nos vemos tentados a caer en la inmoralidad por no estar casados, entonces es mejor que nos casemos.

Supongamos que no nos casamos por causa de la obra del Señor, pero luego cometemos actos de inmoralidad sexual y nos convertimos en abandonados de Dios. ¡Cuán lamentable sería esta situación! Si este es el caso, lo mejor es casarse y evitar la inmoralidad.

El verso 3 dice que el marido cumpla su deber para con su mujer, e igualmente la mujer lo cumpla con su marido. ¿Qué significa "cumplir su deber"? El marido debe guiar a la familia en la verdad y debe también ser fuerte y valiente como Josué cuando Dios le habló (Josué 1:6-9). Un hombre debe tener los atributos que lo hacen hombre, junto con diligencia y sólida ética laboral.

Ser fuerte y valiente no significa que debe tornarse violento, sino que debe poder aceptar y abrazar a los demás y cumplir su deber hacia su esposa y familia con mansedumbre.

¿Cuál es el deber de la esposa? Una esposa no debe jactarse ni levantar su voz, sino debe ser obediente y calmada, soportando todas las cosas. Ella también debe enseñar a sus hijos en la verdad.

¿Debemos carecer de autoridad sobre nuestros propios cuerpos?

¿Qué significa no tener autoridad sobre nuestro propio cuerpo?

Una pareja de esposos no son solo dos individuos; ellos son

un solo cuerpo. El esposo no debe ejercer control total sobre su propio cuerpo, y tampoco debe hacerlo la esposa, sino que deben unirse como un solo corazón y compartir todos los asuntos con paz.

Génesis 2:24 dice: *"Por tanto el hombre dejará a su padre y a su madre y se unirá a su mujer, y serán una sola carne"*. Debido a que son una sola carne, no pueden insistir únicamente en sus propias opiniones.

Cuando el esposo esté afligido, la esposa debe afligirse con él. Cuando la esposa se alegre, el esposo debe alegrarse con ella. Deben ser uno en corazón y mente.

Respecto a la posición de autoridad, el hombre está por encima de la mujer en el matrimonio. No obstante, cada uno de ellos debe reconocer la autoridad del otro. El esposo no insistirá en sus opiniones solamente si reconoce la autoridad de la esposa también.

Significado espiritual de 'privar'

"No os privéis el uno del otro, excepto de común acuerdo y por cierto tiempo, para dedicaros a la oración; volved después a juntaros a fin de que Satanás no os tiente por causa de vuestra falta de dominio propio. Mas esto digo por vía de concesión, no como una orden" (7:5-6).

Leemos que dice "no se prive el uno del otro", pero debemos entenderlo espiritualmente. Está hablando acerca de nuestro corazón.

Significa que el esposo y la esposa no deben estar divididos de corazón, sino que deben convertirse en un solo corazón en la verdad. Es difícil tener un pensamiento, pero sí es posible tener un mismo sentir. Los creyentes viven en la verdad, y ya que no existe más que una verdad, en ella podemos tener un mismo sentir.

El verso continúa diciendo: "...excepto de común acuerdo y

por cierto tiempo, para dedicaros a la oración; volved después a juntaros...". Si no están unidos en un mismo sentir, Satanás los tentará; quizás se sientan solos o atribulados cuando no estén unidos como uno, y Satanás puede tentarlos en esa situación. Quizás incluso cometan un pecado, y por eso deben estar unidos de corazón otra vez lo más pronto posible.

Pero a veces quizás no puedan estar juntos físicamente; quizás tengan que separarse el uno del otro para cumplir el ministerio de Dios, negocios, trabajo o situaciones personales.

Es decir, si uno de ellos debe ayunar, o retirarse a las montañas para orar, u ofrecer una larga oración de cien noches, deben 'privarse' el uno del otro; deben hacerlo por un buen propósito. Pero una vez que su tiempo de oración ha terminado, deben volver a estar juntos.

Hay una cosa de la que debemos tener cuidado en este sentido de privarse el uno al otro. Supongamos que deseamos ir a la iglesia para orar toda la noche. Antes de hacerlo, debemos estar en acuerdo con nuestro cónyuge. Si el esposo o la esposa no respetan la opinión del otro sino que actúan simplemente según sus deseos, esto puede causar discusiones. Esto significa que se quebrantará la paz y Dios no estará complacido con ello, y sus hijos quizás se desvíen también. Por consiguiente, el marido y la mujer deben tener paz en todo.

Esto tiene un significado espiritual, así como uno físico, pero en realidad ambos son lo mismo. Jesús es nuestro novio y nosotros somos las novias. Por tanto, debemos unirnos con el

Señor Jesús quien es la verdad en sí. Esto significa a la vez, que al estar unidos con Cristo, también estaremos unidos y tendremos un corazón con Dios. Filipenses 2:5 dice: *"Haya, pues, en vosotros esta actitud que hubo también en Cristo Jesús"*. Para poder lograr esto, debemos habitar en la verdad, ya que al hacerlo, somos uno con Jesucristo porque Su corazón es la verdad misma.

¿Qué pasa si nos privamos a nosotros mismos de Dios? Obviamente, Satanás nos tentará. Si no estamos unidos con la verdad, significa que miramos al mundo, somos tentados a cometer pecados, y Satanás se burlará de nosotros en los sufrimientos que provienen de las persecuciones y pruebas resultantes del pecado. Pero si tenemos un corazón con el Señor en la verdad, significa que estamos viviendo de acuerdo a la voluntad de Dios por completo y que no enfrentaremos ninguna prueba o tribulación, y si así fuere, Dios obrará para bien de todo.

El verso 6 dice: "Mas esto digo por vía de concesión, no como una orden". El apóstol Pablo era un hombre joven muy activo y fuerte antes de aceptar al Señor. Sin embargo, desde el momento que conoció al Señor, siempre se alegró, dio gracias al Señor y llegó a ser una persona santa que reflejaba al Señor.

Ya que estaba lleno de generosidad y amor, cuando enseñaba no daba órdenes a los demás para que hicieran una u otra cosa. Aunque era un apóstol, no daba órdenes al redil, sino que les enseñaba y aconsejaba con la Palabra de Dios. Si somos líderes en la iglesia, no debemos ser dominantes en el liderazgo, sino predicar con el ejemplo, la concesión y el ánimo.

Hay momentos cuando la congregación entera de la iglesia debe ayunar y orar por algo concerniente al reino de Dios. Pero aún en estas ocasiones, yo solo digo: "Vamos a hacer esto en acuerdo con la voluntad de Dios. Si están dispuestos y les es posible, entonces pueden participar. Pero deben decidir por su propia voluntad, de acuerdo a las obras del Espíritu Santo".

Pero a veces veo que algunos líderes se vuelven dominantes en su liderazgo; me desconsuela ver esas cosas, así que les aconsejo diciendo: "Jesús no vino a ser servido, sino a servir. Debemos considerarnos a nosotros mismos inferiores que los demás".

No solo en la iglesia, sino también en las relaciones familiares entre padres e hijos, y en la sociedad en la relación entre los que están en posiciones de liderazgo y los que son subordinados, en todas las relaciones, debemos tener la humildad que tuvo el apóstol Pablo, que constituye el corazón del Señor. El corazón es el que guía y dirige a los demás con amor y generosidad, no con órdenes y mandatos.

"Yo desearía que todos los hombres fueran como yo"

"Sin embargo, yo desearía que todos los hombres fueran como yo. No obstante, cada cual ha recibido de Dios su propio don, uno de esta manera y otro de aquélla" (7:7).

El apóstol Pablo habló de acuerdo a la clara voz, inspiración y guía del Espíritu Santo. Por consiguiente, lo que habló fue la Palabra de Dios.

Él dijo: "yo desearía que todos los hombres fueran como yo". ¿Por qué no dijo que deseaba que todos los hombres fueran como Jesús o Dios, sino como él?

Él tenía el corazón del Señor ya que amaba a Dios por completo y actuaba en la verdad, y deseaba que todos imitaran estas cosas. ¿Qué más debemos aprender de él? Pablo no se casó; él permaneció soltero en sus tres viajes misioneros.

En 1 Corintios 9:5-12, leemos que Pablo dijo que tenía derecho a tomar una esposa creyente, así como los demás apóstoles y los hermanos del Señor y Cefas. Sin embargo, no lo hizo por causa del evangelio, y además dijo que deseaba que todos los hombres fueran como él.

En el verso 7 leemos que cada hombre tiene su propio 'don de Dios'. Esto no se refiere a los dones tales como el de lenguas, profecía o sanidad, sino a la gracia recibida de parte de Dios.

Todos hemos recibido algún tipo de gracia de parte de Dios. Sobre todo, fuimos rescatados de caer a la destrucción del Infierno y hemos recibido también la vida eterna. Dejamos de ser hijos del diablo para ser hijos de Dios, y nuestros nombres están registrados en el Libro de la Vida en el Cielo; todo esto es simplemente parte de la gran gracia que hemos recibido.

No obstante, el nivel en el que cada persona siente esa gracia difiere de persona a persona; algunos pueden decir que simplemente desean dedicar sus vidas enteras a Dios y no se casan porque la gracia recibida de parte de Él es inmensa.

Si yo hubiera aceptado al Señor y conocido la verdad antes de casarme, también habría vivido como el apóstol Pablo. La gracia que Dios me dio es tan grande que yo deseo retribuirle con todo mi corazón, mente, alma, fuerzas y vida, siendo fiel a Él. Si la gracia una vez recibida de Dios es tan grande, es bueno que el hombre se mantenga soltero al igual que el apóstol Pablo.

> "A los solteros y a las viudas digo que es bueno para ellos si se quedan como yo. Pero si carecen de dominio propio, cásense; que mejor es casarse que quemarse"

(7:8-9).

Pablo dice a los solteros y viudas que es bueno que permanezcan como están, al igual que él. ¿Por qué razón?

Si se casan, deben cuidar de su cónyuge y al mismo tiempo deben servir a Dios. Luego su mente se divide; al esposo quizás no le agrade que su esposa salga para orar porque desea que ella esté solo con él. Hay personas muy diligentes en la obra de Dios antes de casarse, pero una vez que se casan ocupan mucho tiempo criando a sus hijos y cuidando de los asuntos familiares, así que se vuelven perezosos en la obra de Dios. Es por esto que Pablo dijo que era bueno mantenerse solteros.

Sin embargo, él dice también que debemos casarnos si es que no tenemos dominio propio. Si al ver a otras personas casándose y comenzando una familia sentimos que deseamos hacer lo mismo, entonces lo mejor es que nos casemos.

En Mateo 5:28, Jesús dijo: *"Pero yo os digo que todo el que mire a una mujer para codiciarla ya cometió adulterio con ella en su corazón"*. Es mejor casarse y tener una familia buena, que sirva a Dios, antes que quedarse soltero y cometer adulterio. Casarse no es pecado, y Dios no se sentirá decepcionado.

El divorcio

"A los casados instruyo, no yo, sino el Señor: que la mujer no debe dejar al marido (pero si lo deja, quédese sin casar, o de lo contrario que se reconcilie con su marido), y que el marido no abandone a su mujer. Pero a los demás digo yo, no el Señor, que si un hermano tiene una mujer que no es creyente, y ella consiente en vivir con él, no la abandone. Y la mujer cuyo marido no es creyente, y él consiente en vivir con ella, no abandone a su marido" (7:10-13).

En el verso 6, Pablo indicó que lo que decía era por vía de concesión, ¿pero por qué en este caso dice que es una instrucción? Cuando se predica la Palabra de Dios, se está 'instruyendo'. Si se habla en base a opiniones propias, se lo hace 'por vía de concesión'. Debemos entender la diferencia entre vía de concesión e instrucción.

En este caso, él dice que es una instrucción porque no se trata de su opinión personal, sino que está enseñando la voluntad de Dios. Cuando un siervo de Dios predica la voluntad de Dios, no puede decir: "Lo mejor es hacer esto. Por favor, háganlo", sino que debe ser una 'ordenanza' porque se trata de la Palabra de Dios.

El pasaje aquí dice que los que están casados no deben abandonar a su cónyuge, lo que significa que no deben separarse o divorciarse. Si lo hacen, no deben casarse con otra persona sino que deben permanecer solteros o reconciliarse nuevamente con su cónyuge.

A diferencia de los no creyentes, no es correcto que los creyentes se separen o divorcien a pesar de las diferencias en personalidad y opinión, deben entenderse y someterse uno al otro. El deber de los creyentes es el de amar, unir y perdonar.

También dice: "...y que el marido no abandone a su mujer", lo que significa que el marido no debe ser el primero en sugerir el divorcio. Estas palabras son solo para no creyentes, no para los creyentes.

Los versos 12 y 13, dicen: "Pero a los demás digo yo, no el Señor, que si un hermano tiene una mujer que no es creyente, y ella consiente en vivir con él, no la abandone. Y la mujer cuyo marido no es creyente, y él consiente en vivir con ella, no abandone a su marido". Esta no es la Palabra de Dios, sino la opinión de Pablo. Sin embargo, es casi lo mismo ya que el apóstol Pablo claramente escuchó la voz del Espíritu Santo y actuó de acuerdo a los caminos del Señor.

La Ley del Antiguo Testamento estipula que los israelitas no se casen con los gentiles. De manera similar, en el Nuevo Testamento, esto se compara con el hecho de que los creyentes no deben casarse con los no creyentes.

¿Cómo entonces se dan situaciones en las que uno de los cónyuges no es un creyente? Supongamos que dos no creyentes se casan y posteriormente uno de ellos empieza a asistir a la iglesia y llega a ser creyente. En este caso, lo mejor es que el otro cónyuge también siga la corriente y asista a la iglesia, y que también acepte al Señor, pero este no siempre es el caso.

Considere la situación de la esposa que no acepta el evangelio. Un esposo creyente no puede decir: "Quiero el divorcio porque tú no quieres ir a la iglesia". Si la esposa no creyente todavía desea vivir con su marido creyente, él no debe divorciarse de ella.

Esta es la situación que indica que "...ella consiente en vivir con él...". Lo mismo ocurre cuando la esposa llega a ser creyente y el esposo no, pero no significa que puede divorciare si el marido no consiente en vivir con ella.

> "Porque el marido que no es creyente es santificado por medio de su mujer; y la mujer que no es creyente es santificada por medio de su marido creyente; de otra manera vuestros hijos serían inmundos, mas ahora son santos" (7:14).

El pasaje dice que no debemos divorciarnos de un marido

o una mujer no creyentes, y también se explica la razón. Por ejemplo: cuando la esposa es creyentes y el esposo no lo es, la esposa debe orar por la salvación de su marido e intentar evangelizarlo. Asimismo, cuando la esposa que solía discutir con su esposo y enojarse con él, llega a ser amable y sirve al marido con bondad, poco a poco él abrirá su corazón.

A medida que la mujer le comenta a su esposo sus experiencias en la fe y le comparte la Palabra de Dios, él quizás no parezca interesado al principio, pero poco a poco la semilla se plantará en su corazón. Finalmente, todas las semillas crearán una oportunidad para que él acepte al Señor. Cuando el marido comience a asistir a la iglesia y vivir de acuerdo a la Palabra de la verdad, él se tornará santificado poco a poco.

Es menos común ver un esposo creyente y una esposa no creyente, pero es la misma situación. Si el esposo guía a la familia siendo un buen ejemplo, si además ayuda con las tareas del hogar y si a menudo da pequeños obsequios a su esposa, dándole atención y amándola mucho, la esposa estará dispuesta a escucharlo. Finalmente aceptará el evangelio, escuchará la Palabra, asistirá a la iglesia y finalmente también se santificará.

El verso 14 dice: "...de otra manera vuestros hijos serían inmundos, mas ahora son santos". ¿Qué significa esto? En el caso en el que solamente uno de los cónyuges asiste a la iglesia, el niño está por lo general bajo mayor influencia del padre no creyente.

Supongamos que el esposo asiste a la iglesia y la esposa no

lo hace. Entonces ella en realidad no escuchará a su marido y esto por lo general significa que la mujer es más obstinada que el marido. Por lo tanto, sus hijos estarán influenciados por la madre no creyentes y no acudirán a la fe.

Así también, supongamos que la esposa es creyente y el esposo no lo es. En este caso, el esposo no escuchará a la esposa sino que le causará persecución, y con su ejemplo enseñará a sus hijos a no asistir a la iglesia. Así, el verso 14 significa que, cuando ambos padres no son creyentes o cuando uno de ellos no es un creyente, no es fácil que los niños lleguen a santificarse.

Al final del verso dice: "...mas ahora son santos". Permítame explicar lo que significa. Cuando uno de los padres lleva una vida ejemplar y predica constantemente el evangelio a su cónyuge, ambos serán creyentes y con la verdad serán transformados cada vez más. Cuando los padres se santifican, sus hijos también se santifican de manera natural, al igual que los padres.

> "Sin embargo, si el que no es creyente se separa, que se separe; en tales casos el hermano o la hermana no están obligados, sino que Dios nos ha llamado para vivir en paz. Pues ¿cómo sabes tú, mujer, si salvarás a tu marido? ¿O cómo sabes tú, marido, si salvarás a tu mujer?" (7:15-16)

Esto significa que si el marido o la mujer que no son creyentes desean divorciarse, el cónyuge creyente puede hacerlo. Pero no significa que debemos divorciarnos de un cónyuge no creyente, lo que se puede dar solo en casos extremos.

Por ejemplo: si la situación lo obliga a escoger entre el cónyuge o la iglesia, ¿qué se debe hacer? No se debe escoger al cónyuge en lugar de Dios y caer al Infierno. Si el cónyuge se torna violento y dice: "¡Si te vas a la iglesia me divorcio!", entonces no es un pecado divorciarse.

En este caso, si la esposa abandona a Dios y se aleja de Él por temor a ser perseguida o a divorciarse, significa que ella no tiene la fe suficiente en primer lugar. Ella está escogiendo el camino a la muerte porque no tiene fe.

En Mateo 10:28 dice: *"Y no temáis a los que matan el cuerpo, pero no pueden matar el alma; más bien temed a aquel que puede hacer perecer tanto el alma como el cuerpo en el infierno"*. El hombre puede matar el cuerpo, pero no el alma.

El hombre puede tener control sobre la vida física en este mundo momentáneo, pero solo Dios puede poner nuestra alma ya sea en el Cielo o en el Infierno. Por consiguiente, debemos temer a Dios en lugar de temer al hombre y debemos obedecer la Palabra de Dios con temor reverente de Él.

No debemos pensar a la ligera que podemos divorciarnos. Más bien podemos comprender el corazón de Dios en la frase que dice que 'Él nos ha llamado a tener paz'. Es decir, Dios desea que tengamos una familia pacífica y cómoda, por eso debemos intentar no divorciarnos, sino hacer todo lo posible para que nuestro matrimonio sea lleno de amor y placentero, de modo que el cónyuge no creyente alcance salvación gracias a nosotros.

De acuerdo a la medida de la fe

"Fuera de esto, según el Señor ha asignado a cada uno, según Dios llamó a cada cual, así ande. Y esto ordeno en todas las iglesias. ¿Fue llamado alguno ya circuncidado? Quédese circuncidado. ¿Fue llamado alguno estando incircuncidado? No se circuncide" (7:17-18).

El Señor nos dio el don del Espíritu Santo para guiarnos al reino de los Cielos; el Espíritu Santo nos permite comprender la verdad y reconocer el pecado. El Espíritu Santo nos salva mediante nuestra fe.

La frase "...según Dios llamó a cada cual, así ande", significa que debemos actuar de acuerdo a la medida de nuestra fe. Tan solo podemos actuar de acuerdo a la gracia del Señor que nos es dada en la medida en la que crece nuestra fe.

No podemos presionar a los nuevos asistentes de la iglesia diciendo: "Debes cerrar tu negocio los domingos", o "Serás castigado si no das tus diezmos". Aquellos bebés que solamente pueden beber leche, tendrán problemas si se les da alimentos sólidos o carne. Debemos enseñarles con sabiduría de acuerdo a la medida de fe de cada uno.

Luego el pasaje dice: "¿Fue llamado alguno ya circuncidado? Quédese circuncidado. ¿Fue llamado alguno estando incircuncidado? No se circuncide".

En Israel, los hombres son circuncidados al octavo día después de su nacimiento como un símbolo del pacto que Dios hizo con Abraham diciendo: "Yo soy tu Dios quien te guarda y lleva a la salvación, y tú eres mi pueblo".

El propósito físico de la circuncisión es la limpieza y sanidad. En lo espiritual, simboliza el establecimiento del pacto con Dios. En los días del Antiguo Testamento, no recibían el Espíritu Santo sino que podían ir ante Dios a través de la circuncisión. En el Nuevo Testamento, no somos salvos por nuestras obras, por lo que debemos circuncidar el corazón para que el Espíritu Santo lo limpie de cosas inmundas.

El haber sido "llamado ya circuncidado" significa que la persona es parte del pueblo de Dios porque ya tiene el símbolo del pacto de Dios. Los incircuncidados constituyen los gentiles. Decir a los circuncidados que no se vuelvan incircuncidados significa que, como pueblo de Dios, deben vivir en la verdad y no apartarse de la fe. En calidad de hijos de Dios, no debemos vivir al igual que la gente del mundo que comete pecados y se mezcla con el mundo, al igual que los incircuncidados.

Ser "llamado incircuncidado" significa que se ha sido

llamado siendo un gentil. Entonces, decirle a la gente que no se circuncide significaba que el individuo no debía vivir la vida cristiana al igual que los judíos que practicaban la Ley para recibir salvación. Los que son llamados como gentiles son salvos por medio de la fe en Jesucristo, no por obras externas.

La diferencia entre las 'acciones externas' y el acto de 'guardar los mandamientos'

"La circuncisión nada es, y nada es la incircuncisión, sino el guardar los mandamientos de Dios. Cada uno permanezca en la condición en que fue llamado" (7:19-20).

Nosotros llegamos a Dios gracias a Su llamado. Por esto, no debemos circuncidarnos al igual que en los días del Antiguo Testamento ya que ese acto no es el camino a la salvación ni puede convertirse en una recompensa en el Cielo.

¿Entonces, qué es lo que tenemos que hacer? El pasaje anterior dice que podemos demostrar la evidencia de nuestro amor por Dios e ir por el camino de salvación mediante el acto de guardar los mandamientos de Dios.

Algunas personas quizás malinterpreten lo que esto significa; algunos dicen: "Ahora vivimos en el tiempo del Nuevo Testamento y no somos salvos por medio de las obras de la Ley, sino que somos salvos por fe". Dicen esto porque no entienden lo que es la fe.

¿Cuál es la diferencia entre las 'obras externas' y el acto de 'guardar los mandamientos'? Guardar los mandamientos de Dios se refiere a la circuncisión del corazón. Esto implica alejar las cosas inmundas, no solo en acciones sino también del corazón, y vivir una vida limpia de acuerdo a la Palabra de Dios.

En el Antiguo Testamento la gente no pecaba en absoluto siempre y cuando guardara la Ley en lo externo. Por ejemplo: aunque tenían pensamientos adúlteros al mirar a una mujer, no se consideraba como pecado porque no se lo hacía, causaba o cometía con las acciones.

Sin embargo, en el Nuevo Testamento, este tipo de pensamiento se considera pecado. Además, debemos alejar este corazón inmundo en sí. Podemos decir que en realidad estamos guardando los mandamientos cuando alejamos de nuestro ser no solo las obras, sino también la falsedad del corazón.

No sirve de nada tan solo seguir el camino de las obras externas sin cambiar el corazón ya que no alcanzamos salvación por las obras. Aunque asistamos a la iglesia los domingos y demos nuestros diezmos, no podemos ser salvos si no vivimos en la verdad y seguimos cometiendo actos de injusticia. Si vivimos en injusticia sin circuncidar nuestro corazón, Dios no puede decir que tenemos fe.

Es por esto que el apóstol Pablo nos dice que nos 'circuncidemos' o 'incircuncidemos', sino que únicamente guardemos los mandamientos de Dios.

Romanos 10:10 nos dice: *"...porque con el corazón se cree para justicia, y con la boca se confiesa para salvación"*. Como está escrito, los que creen con el corazón guardarán los mandamientos de Dios, alejarán el pecado del corazón y harán todo lo que Él manda. De este modo, naturalmente circuncidarán el corazón y se volverán justos.

"Cada uno permanezca en la condición en que fue llamado".

El verso 20 dice: "Cada uno permanezca en la condición en que fue llamado". Esto significa que, una vez que aceptamos a Jesucristo, debemos demostrar nuestras obras y amor en verdad (1 Juan 3:18).

Algunas personas dicen: "No puedo asistir a la iglesia porque me gusta beber". Otros quizás dicen no poder asistir los domingos porque "deben abrir sus negocios" u ofrecen otras razones para trabajar ese día. Pero Dios dice que debemos venir ante Él en medio de nuestras situaciones y esforzarnos al máximo para ser fieles en obras y verdad.

"¿Fuiste llamado siendo esclavo? No te preocupes; aunque si puedes obtener tu libertad, prefiérelo. Porque el que fue llamado por el Señor siendo esclavo, liberto es del Señor; de la misma manera, el que fue llamado siendo libre, esclavo es de Cristo" (7:21-22).

La mayoría de personas pertenecen a algún tipo de

organización o grupo. Este pasaje nos dice que no nos preocupemos si somos llamados mientras somos esclavos de algo más ya que, aunque nuestro cuerpo sea esclavo de algo o alguien, nuestro corazón puede seguir buscando a Dios y siguiendo la verdad.

Claro que sería mucho mejor tener libertad en nuestra religión; es mejor poder trabajar fielmente para el reino de Dios en lugar de ser esclavos. Por lo tanto, ambas situaciones están bien, pero obviamente es mejor ser libre.

El verso 22 dice: "Porque el que fue llamado por el Señor siendo esclavo, liberto es del Señor".

Pertenecemos al Señor si abrimos nuestro corazón y aceptamos a Jesucristo. En el pasaje, un 'esclavo' se puede clasificar en dos categorías:

La primera es un esclavo atado al mundo. Esto no significa cualquier esclavo en este mundo sino que se refiere a la gente que es esclava de un trabajo en el mundo pero que ofrece su corazón al Señor. Cuando guardan los mandamientos del Señor con este tipo de corazón, serán libres en Él tal como lo dice Juan 8:32; leemos: *"...y conoceréis la verdad, y la verdad os hará libres"*.

Así también hay esclavos que están atados en el Señor. Estos son los siervos y obreros de Dios que trabajan en la iglesia sirviéndolo a Él; son libertos en el Señor.

Algunos de los nuevos creyentes, aquellos que no conocen bien la verdad, o aquellos que de alguna manera han sido forzados a asumir una labor en la iglesia están atados por el Señor y no tienen libertad. Piensan que están atados por Dios o la iglesia, pero de hecho, no están atados sino libres. ¿Por qué es así?

Si no son llamados como siervos del Señor, ¿siervos de quién se tornarían? Podrían convertirse en siervos de este mundo, los siervos del enemigo diablo y Satanás. Han sido liberados de las cadenas y han obtenido libertad verdadera, y van por el camino de la vida eterna, lo que, de hecho, es libertad verdadera.

Si usted llega a ser un pastor o asume ciertas tareas en la iglesia, significa que está trabajando para el reino y la justicia de Dios, y para los hermanos en la fe. Esta es la manera de recibir vida eterna, bendiciones en este mundo y las recompensas en el Cielo,

y además podrá mantenerse saludable en lo espiritual y físico, ya que su alma prosperará, y sus hermanos en la fe estarán bien. Este es el camino al gozo y al bienestar; por eso, debemos esforzarnos por la obra del Señor y obtener fe, paz y libertad verdadera.

Respecto a esto, Pablo dice: "...el que fue llamado siendo libre..." y continúa diciendo inmediatamente: "...esclavo es de Cristo". ¿Por qué dijo esto? Un esclavo debe obedecer incondicionalmente a su amo. Un siervo de Dios lo sirve a Él como mayordomo, y por ende, no debe tener ninguna de sus propias ideas sino seguir las de Dios únicamente, ya que estas son la verdad.

Por consiguiente, somos libres para seguir el camino a la vida eterna. Somos esclavos atados a la verdad ante Dios y podemos ser verdaderamente libres si llegamos a ser esclavos en la verdad.

> "Comprados fuisteis por precio; no os hagáis esclavos de los hombres. Hermanos, cada uno permanezca con Dios en la condición en que fue llamado" (7:23-24).

Para darnos vida verdadera, Dios nos compró con la preciosa sangre de Su Hijo unigénito, Jesús. Por consiguiente, no pertenecemos a nosotros mismos sino a Dios. Cuando no recibimos bendiciones, es porque no damos nuestras vidas a Dios. Podemos tener felicidad y libertad verdaderas, y también podemos caminar con Dios en prosperidad cuando le damos todo lo que tenemos.

El apóstol Pablo confesó en 1 Corintios 15:31 diciendo: *"...cada día muero";* nosotros también debemos morir cada día y hacernos obedientes a la verdad. Entonces Dios podrá controlar nuestros pensamientos y mente. Podremos escuchar la voz del Espíritu Santo claramente y ser guiados al camino de prosperidad.

Al decir "...no os hagáis esclavos de los hombres" no significa que no debemos involucrarnos en un trabajo en este mundo, sino que no debemos seguir las leyes de los hombres que están en contra de la verdad. En Mateo 10:28, Jesús dijo: *"Y no temáis a los que matan el cuerpo, pero no pueden matar el alma; más bien temed a aquel que puede hacer perecer tanto el alma como el cuerpo en el infierno".*

Nuestro cuerpo es temporal y todos morimos, pero nuestro espíritu permanece para siempre. Por eso no debemos temer al hombre que puede matar el cuerpo, sino solo a Dios quien tiene control de nuestro espíritu.

En el tiempo de Daniel, su rey fue engañado por las maquinaciones de sus ministros quienes emitieron un decreto que prohibía, por un mes, que se orara a cualquier otro dios o ser que no fuera el rey. Pero Daniel no cumplió esto porque no estaba en acuerdo con la verdad.

A pesar de saber que sería lanzado al foso de los leones, él quebrantó la ley del país para agradar a Dios; no tuvo temor de la gente que podía matar su cuerpo, sino que tuvo temor de Dios. Él se apegó a la ley de Dios y, al final, Dios obró para bien de todo.

En Hechos 4 vemos una escena en la que los sacerdotes, gobernantes, ancianos y escribas amenazaron a los apóstoles ordenándoles que no predicaran acerca de Jesucristo. No obstante, Pedro y Juan respondieron diciendo: *"Vosotros mismos juzgad si es justo delante de Dios obedecer a vosotros antes que a Dios; porque nosotros no podemos dejar de decir lo que hemos visto y oído"* (v. 19-20).

Ellos se referían a que seguirían la Palabra de Dios, no las palabras de los hombres, porque Él les había ordenado que predicaran el evangelio y que no tuvieran temor de las persecuciones. No debemos convertirnos en siervos de los hombres, sino obedecer la Palabra de Dios quien nos compró con precio y nos lleva a la vida eterna.

El verso 24 dice: "Hermanos, cada uno permanezca con Dios en la condición en que fue llamado". ¿Qué significa esto? Significa que podemos vivir en la condición en la que hemos sido llamados y no debemos decir: "Yo quiero ser fiel a Dios, por eso voy a dejar mi trabajo y me voy a dedicar únicamente al ministerio".

Debemos vivir de acuerdo a la Palabra de Dios cada día más, emanar la fragancia de Cristo y glorificar a Dios llevando a la salvación las almas que están en la situación en la que nosotros estuvimos antes.

"Es bueno que el hombre se quede como está"

"En cuanto a las doncellas no tengo mandamiento del Señor, pero doy mi opinión como el que habiendo recibido la misericordia del Señor es digno de confianza. Creo, pues, que esto es bueno en vista de la presente aflicción; es decir, que es bueno que el hombre se quede como está" (7:25-26).

Pablo dice que no tiene ningún mandamiento respecto a las doncellas. En la Biblia, ya sea en el Antiguo o en el Nuevo Testamento, no hay dirección respecto al matrimonio de las doncellas. Nuestro Señor es misericordioso, justo y lleno de amor. El apóstol Pablo fue fiel al punto de morir por su Señor, sin ninguna queja, lamento o resentimiento, incluso cuando enfrentaba persecuciones.

Este Pablo ofreció su opinión. Debido a que no había ninguna indicación específica de parte de Dios respecto a las doncellas, él dio su opinión en el siguiente verso, pero él estaba hablando de acuerdo a la inspiración del Espíritu Santo por lo que también enfatiza este punto diciendo que era alguien digno de confianza porque había recibido la misericordia del Señor.

El verso 26 dice: "...en vista de la presente aflicción; es decir, que es bueno que el hombre se quede como está". Los creyentes saben que sus nombres son escritos en el Libro de la Vida en el Cielo y saben también que, cuando el Señor regrese de nuevo, se dará la Gran Tribulación, el Reino Milenario y el Juicio del Gran Trono Blanco. En este caso, al hablar de "la presente aflicción", Pablo no quería decir que el Señor regresaría pronto en el aire.

Esta es la aflicción que existe para toda persona; algunos mueren a edad muy temprana, otros quienes disfrutan incluso de buena salud viven solo por setenta u ochenta años. Una vez que enfrenten la muerte física no tendrán otra opción aparte de levantarse ante el juicio de Dios. Por lo tanto, la aflicción está presente para cada persona, tanto para aquellos que vivieron hace dos mil años atrás como los que viven hoy.

Pablo dijo que era bueno que un hombre no tocara mujer y en el siguiente verso explica la razón.

"¿Estás ligado a mujer? No procures soltarte. ¿Estás libre de mujer? No procures casarte. Mas también si te casas, no pecas; y si la doncella se casa, no peca; pero los tales tendrán aflicción de la carne, y yo os la quisiera evitar" (7:27-28 RVR1960).

'Estar unido a una mujer' significa que la persona está casada. En el verso 4 de este capítulo dice que la esposa no tiene autoridad sobre su propio cuerpo, sino que la tiene el marido. De igual manera, el marido no tiene autoridad sobre su propio cuerpo, sino la mujer. Los maridos y las mujeres están unidos el uno al otro, sin tener autoridad sobre sus propios cuerpos.

Soltarse es separarse o divorciarse, y por ende, "no procures soltarte" significa que no debemos buscar el divorcio. Además, si ya nos hemos divorciado o si uno de los cónyuges ha muerto, Pablo sugiere que se permanezca "como está".

Claro está que no es pecado casarse. La razón por la que Pablo dijo esto es porque los amaba mucho; es decir, habrá tribulaciones cuando se contrae matrimonio.

Por ejemplo: si un hombre permanece soltero, puede amar a Dios y serle fiel según lo desee, además de poder cuidar de las almas e incluso ofrecer vigilias de oración ya que no estará unido a ninguna persona.

Por el contrario, si está casado, tendrá aflicciones en la vida porque no tendrá mucha libertad sobre su propia vida. Tendrá que asumir la responsabilidad de su familia y trabajar mucho; aunque desee hacer algo para Dios, a veces tendrá que quedarse con su esposa e hijos. En especial, en el caso de las mujeres, quizás ni siquiera logren asistir a la iglesia los domingos si el esposo no tiene fe.

"Mas esto digo, hermanos: el tiempo ha sido acortado; de modo que de ahora en adelante los que

tienen mujer sean como si no la tuvieran; y los que lloran, como si no lloraran; y los que se regocijan, como si no se regocijaran; y los que compran, como si no tuvieran nada; y los que aprovechan el mundo, como si no lo aprovecharan plenamente; porque la apariencia de este mundo es pasajera" (7:29-31).

Este pasaje claramente ilustra qué tipo de vida deben llevar los creyentes en un tiempo en el que la Segunda Venida del Señor está cerca.

Dice: "...los que tienen mujer sean como si no la tuvieran". Esto significa que no debemos divorciarnos. No obstante, aunque esté unido a su mujer, no debe darse el caso en el que él no hace lo que debe hacer para Dios porque le interesa más su esposa. Él tiene que darle a Dios lo que debe dar, pero al mismo tiempo debe ser fiel a su familia. Debe cumplir su deber como esposo, pero no debe poner a su esposa antes que a Dios.

Dice también: "...y los que lloran, como si no lloraran". Aunque haya muchas lágrimas, pesar y dolor en este mundo, debemos regocijarnos y dar gracias con la esperanza del reino de los Cielos, incluso en medio de persecuciones y pruebas. Debemos vivir según la gracia de Dios y preparar nuestro aceite.

¿A qué se refiere cuando dice "...y los que se regocijan, como si no se regocijaran".

Supongamos que usted ha recibido bendiciones y está feliz. Pero si se acerca a una persona que está afligida y demuestra su felicidad al decirle que ha recibido bendiciones, entonces aquella persona quizás se aflija aún más. Por consiguiente, debemos ser prudentes al considerar la situación.

Luego dice: "...y los que compran, como si no tuvieran nada". Esto significa que los que son ricos en la tierra no deben tratar de presumir de ello; aunque seamos muy ricos, no representará nada cuando el Señor regrese. No debemos presumir de las cosas que perecen y desaparecen; debemos sentirnos contentos con lo que tenemos y ser fieles a Dios.

Al acercarnos a la Segunda Venida del Señor, los que usan las cosas en el mundo deben ser como los que no hacen uso de ellas. Muchas cosas de este mundo son usadas para la idolatría, la extravagancia, placer y juegos de azar, y esto no es algo justo ante los ojos de Dios.

Por lo tanto, debemos ejercer dominio propio sobre estas cosas y no vivir con lujos que causen que los hermanos en la fe tropiecen. Además, si una persona da rienda suelta a los lujos cuando la situación no es apropiada, la gente los considerará despreciables.

La razón por la que debemos hacer todo lo anterior es porque todo en el mundo pasará; todo en este mundo carece de sentido y al final perecerá. No podremos llevar con nosotros ninguna cosa material de este mundo cuando el Señor nos llame; todo regresará a la nada. Si las riquezas y la abundancia que disfrutamos hace que los demás tropiecen, lo correcto es no quedarnos con estas cosas.

"Mas quiero que estéis libres de preocupación. El

soltero se preocupa por las cosas del Señor, cómo puede agradar al Señor; pero el casado se preocupa por las cosas del mundo, de cómo agradar a su mujer, y sus intereses están divididos. Y la mujer que no está casada y la doncella se preocupan por las cosas del Señor, para ser santas tanto en cuerpo como en espíritu; pero la casada se preocupa por las cosas del mundo, de cómo agradar a su marido" (7:32-34).**

En Lucas 16:13, el Señor dijo: *"No podéis servir a Dios y a las riquezas"*. Esto nos dice que no debemos ser indecisos al respecto; un hombre que no está casado puede buscar a Dios únicamente, invertir su tiempo agradando a Dios y trabajando para Su reino y justicia.

No obstante, cuando se casa, debe cuidar de su familia y otras cosas del mundo, por lo que le es más difícil ser fiel a Dios.

En el caso de la mujer, viuda o soltera, también puede concentrarse más en agradar a Dios en su vida y puede esforzarse por llevar una vida santa adornándose a sí misma como novia del Señor.

Sin embargo, cuando se casa, su mente se divide porque debe pensar en cosas que puedan complacer a su esposo, en mantener su apariencia y recibir su amor y atención. Claro está que esto no significa que estas cosas son malas; una esposa debe hacerlas y lo mejor para ella, si le es posible, es recibir el amor de su esposo y hacer feliz a su familia.

"Y esto digo para vuestro propio beneficio; no para poneros restricción, sino para promover lo que es honesto y para asegurar vuestra constante devoción al Señor" (7:35).

Pablo habló acerca de los inconvenientes de casarse, y ahora en este verso, él dice que es mejor ofrecerse al Señor sin defecto ni mancha, conociendo y teniendo la esperanza por las recompensas en el reino de los Cielos.

Pablo dijo estas cosas, no para causarnos pesar, sino para nuestro beneficio personal. Él explica lo que es de mayor beneficio y la razón de ello. Casarse no es pecado, y si usted desea casarse no debe permitir que los versos anteriores lo lleven a hacer algo que en realidad no desea hacer.

Además, en la actualidad, ofrecerse a sí mismo como una persona soltera, ciertamente no es un tipo ordinario de fe. Se lo puede hacer solo cuando se ama a Dios en grado sumo, y por ende, no se debe hacer a la ligera un voto de no casarse.

Claro está que si se comprende en verdad el amor de Dios en lo profundo del corazón y si uno se siente agradecido por él, Dios aceptará con gozo que usted vida solo para Él. Si usted sirve a Dios y también al mundo, se verá ocupado y distraído. Por eso Pablo lo explicó de manera lógica al predicarnos la voluntad de Dios.

Las circunstancias de los padres de una doncella o de las viudas y viudos

"Pero si alguno cree que no está obrando correctamente con respecto a su hija virgen, si ella es de edad madura, y si es necesario que así se haga, que haga lo que quiera, no peca; que se case. Pero el que está firme en su corazón, y sin presión alguna, y tiene control sobre su propia voluntad, y ha decidido en su corazón conservar soltera a su hija, bien hará. Así los dos, el que da en matrimonio a su hija virgen, hace bien; y el que no la da en matrimonio, hace mejor" (7:36-38).

Pablo le está hablando a un padre que tiene una hija con la edad suficiente para casarse. El padre tiene una medida de fe considerable y no desea que su hija se case, pero Pablo explica también el caso en el que existe oposición contra la idea del padre, diciendo: "...si alguno cree que no está obrando correctamente con respecto a su hija virgen".

Por ejemplo: la madre de la hija insiste en que la doncella debe casarse o cuando la hija misma desea casarse. El padre, por su fe, no desea que su hija se case. No obstante, cuando hay otras situaciones, persecuciones o pruebas sobre el padre debido a que no desea que su hija se case, entonces está bien permitir que lo haga, ya que no es pecado casarse.

El caso opuesto se explica en el verso 37, en el que el padre que tiene una doncella tiene fe firme y desea sugerir que su hija camine por el camino de bendiciones. No hay ninguna otra situación, persecución ni prueba, y en este tipo de caso, sin estar bajo ninguna restricción, si tiene la autoridad sobre su propia voluntad y ha decidido guardar a su doncella, hará bien.

En la actualidad es posible que los padres no tengan este tipo de autoridad, pero hace mucho tiempo atrás, la gente se casaba dependiendo de la voluntad de sus padres. Pero hoy, la opinión de los hijos cuenta más que la de los padres.

De acuerdo a la fe, lo mejor es guardar a la doncella, pero no hay que preocuparse de esto; simplemente, ante los ojos de Dios, lo mejor es que una mujer permanezca soltera, pero casarse no es pecado ni transgresión.

> "La mujer está ligada mientras el marido vive; pero si el marido muere, está en libertad de casarse con quien desee, sólo que en el Señor. Pero en mi opinión, será más feliz si se queda como está; y creo que yo también tengo el Espíritu de Dios" (7:39-40).

Cuando una mujer se casa, como lo dice 1 Corintios 7:4, queda unida a su marido. Pero si el marido muere, ella tiene la libertad para casarse otra vez, aunque esto debe darse solo en el Señor, lo que significa que debe encontrar un esposo entre los creyentes. Un creyente debe buscar a su cónyuge entre los creyentes. Se habla mucho acerca de esto, tanto en el Antiguo como en el Nuevo Testamento.

Algunos dicen: "¿Acaso no es bueno que un creyente conozca a un no creyente y lo lleve a Dios? Si eso sucediera, entonces sería algo muy bueno. Pero en la mayoría de casos, eso no ocurre.

En cierta ocasión, una hermana de la iglesia me dijo que ella había estado asistiendo a la iglesia antes de casarse, y cuando su esposo le propuso matrimonio, él no era creyente, así que ella se negó y le dijo que no podía casarse con un no creyente. Entonces aquel hombre también comenzó a asistir a la iglesia, y finalmente se casaron.

Pero después de casarse, él cambió de parecer y dejó de asistir a la iglesia. No solo eso, sino que también le causaba mucha persecución a su esposa por asistir a la iglesia; este era un caso lamentable.

El enemigo diablo y Satanás incita a las personas a nuestro alrededor a arrebatarnos la fe. Al igual que un león rugiente, el diablo busca a quién devorar. A menos que nos paremos en la roca de la fe, podemos ser engañados por Satanás y adquirir compromisos, e incluso podemos alejarnos de Dios.

El verso 40 explica qué opción es mejor; tenemos la libertad para escoger si deseamos o no deseamos casarnos, pero lo adecuado es hacerlo en el Señor. Sin embargo, el verso dice que lo mejor para aquellos que tienen amor y pasión por Dios es permanecer solteros.

Así también, la razón por la que Pablo dijo: "...y creo que yo también tengo el Espíritu de Dios", se debe a que la gente pudo haber pensado que se trataba simplemente de la opinión personal de Pablo, ya que él mencionó que era "su opinión".

Este verso tiene dos significados que hay que considerar. Uno es: "He recibido el Espíritu Santo, y estoy hablando de acuerdo al Espíritu Santo". El otro es: "Me estoy dedicando a Dios sin casarme; he decidido lo que es mejor en acuerdo a la voluntad del Espíritu Santo".

El autor:
Dr. Jaerock Lee

El Rev. Dr. Jaerock Lee nació en 1943 en Muan, Provincia de Jeonnam, República de Corea. A sus veinte años, él padeció de una serie de enfermedades incurables durante siete años, y al no tener ninguna esperanza de recuperación, él esperaba únicamente la muerte. Cierto día, durante la primavera de 1974, fue invitado por su hermana a una iglesia, y cuando se inclinó para orar, el Dios vivo inmediatamente lo sanó de todas sus enfermedades.

Desde el momento en que el Rev. Dr. Lee conoció a Dios a través de aquella experiencia maravillosa, él ha amado a Dios con todo su corazón y sinceridad. En 1978 él recibió el llamado a ser un siervo de Dios. Clamó fervientemente a fin de entender con claridad la voluntad de Dios y llevarla a cabo por completo, y obedeció a cabalidad la Palabra de Dios. En 1982 fundó la Iglesia Central Manmin en Seúl (Corea del Sur), e innumerables obras de Dios, incluyendo sanidades o prodigios milagrosos, han tomado lugar en la iglesia.

En 1986 el Rev. Dr. Lee fue ordenado como pastor en la Asamblea Anual de la Iglesia de Jesús de Sungkyul de Corea, y cuatro años más tarde sus sermones empezaron a ser transmitidos en Australia, Rusia, las Filipinas, y otros lugares a través de la Compañía de Radiodifusión del Lejano Oriente, la Estación de Radiodifusión de Asia, y el Sistema Radial Cristiano de Washington.

Luego de transcurridos tres años, en 1993, la Iglesia Central Manmin fue denominada por la Revista *Christian World* de EE. UU. como una de las '50 Iglesias Principales del Mundo'. El mismo año el Dr. Lee obtuvo un Doctorado Honorario en Teología en Christian Faith College, Florida, EE. UU., y en 1996 obtuvo un Ph.D. en Ministerio en el Seminario Teológico de Kingsway en Iowa, EE. UU.

Desde 1993, el Rev. Dr. Lee ha tomado la batuta en el área de las misiones mundiales a través de cruzadas evangelísticas internacionales en Tanzania, Argentina, Los Ángeles, Baltimore, Hawái, y la ciudad de Nueva York en los Estados Unidos, Uganda, Japón, Pakistán, Kenia, las Filipinas, Honduras, India, Rusia, Alemania, Perú, República Democrática de Congo, Israel y Estonia.

En el año 2002, los principales diarios cristianos de Corea lo nombraron 'el evangelista mundial' por su labor poderosa en varias Grandes Cruzadas Unidas internacionales. Su Cruzada Nueva York 2006 realizada en el Madison Square Garden, el coliseo más famoso del mundo, se transmitió a 220 naciones, y durante su Cruzada Unida Israel 2009 realizada en el Centro Internacional de Convenciones de Jerusalén, él proclamó con valentía que Jesucristo es el Mesías y Salvador. Sus sermones se transmiten a 176 naciones vía satélite, incluyendo GCN TV. Fue nombrado como uno de 'Los diez líderes cristianos con mayor influencia' en el año 2009, y en el 2010 se destacó en *InVictory*, la popular revista cristiana de habla rusa y la agencia *Christian Telegraph* por su poderoso ministerio de televisión y pastorado a nivel mundial.

Hasta febrero de 2016, la Iglesia Central Manmin cuenta con una congregación de más de 120 000 miembros; tiene 10 000 iglesias filiales locales e internacionales en el mundo entero, incluyendo 56 iglesias filiales locales y más de 102 misioneros que han sido comisionados a 23 países, entre ellos los Estados Unidos, Rusia, Alemania, Canadá, Japón, China, Francia, India, Kenia, y muchos más.

Hasta la fecha de esta publicación, el Dr. Lee ha escrito 100 libros, incluyendo algunos en lista de superventas de librería tales como *Gozando de la Vida Frente a la Muerte, Mi Vida, Mi Fe I y II, El Mensaje de la Cruz, La Medida de Fe, Cielo I Y II, Infierno,* y *El Poder de Dios*. Sus obras han sido traducidas a más de 76 idiomas.

Sus editoriales cristianos se publican en los diarios *The Hankook Ilbo, The Chosun Ilbo, The JoongAng Daily, The Dong-A Ilbo, The Munhwa Ilbo, The Seoul Shinmun, The Kyunghyang Shinmun, The Korea Economic Daily, The Korea Herald, The Shisa News,* y *The Christian Press*.

El Dr. Lee es actualmente el líder de muchas organizaciones y asociaciones misioneras, entre ellas: Presidente de la Iglesia de la Santidad Unida de Jesucristo, Presidente vitalicio de la Asociación de Avivamiento y Misiones Cristianas Mundiales, Fundador y Presidente de la Junta de la Red Cristiana Mundial (GCN por sus siglas en inglés), Fundador y Presidente de la Junta de la Red Mundial de Médicos Cristianos (WCDN por sus siglas en inglés), y Fundador y Presidente de la Junta del Seminario Internacional Manmin (MIS por sus siglas in inglés).

Otros libros poderosos del mismo autor:

Cielo I & II

Una descripción detallada del maravilloso y vívido ambiente que los ciudadanos del Cielo disfrutarán en los cinco niveles del Reino de los Cielos, además de una hermosa descripción de cada uno de ellos.

El Mensaje de la Cruz

Un poderoso mensaje de avivamiento para todos aquellos que están espiritualmente adormecidos. En este libro encontrará la razón por la que Jesús es el único Salvador y es el verdadero amor de Dios.

Infierno

Un sincero y ferviente mensaje de Dios para toda la humanidad. ¡Dios desea que ningún alma caiga en las profundidades del infierno! Usted descubrirá una descripción nunca antes revelada de la cruel realidad del Hades y del Infierno.

Espíritu, Alma y Cuerpo I & II

Una guía que otorga comprensión espiritual del espíritu, el alma y el cuerpo y ayuda a descubrir el tipo de 'persona' que hemos llegado a ser, para que podamos obtener el poder para derrotar a las tinieblas y convertirnos en personas del espíritu.

La Medida de Fe

¿Qué tipo de lugar celestial y qué tipo de corona y recompensas están preparadas para usted en el Cielo? Este libro proporciona la sabiduría y guía para que usted mida su fe y cultive una fe mejor y más madura.

¡Despierta Israel!

¿Por qué ha mantenido Dios sus ojos sobre el pueblo de Israel desde el principio del mundo hasta hoy? ¿Qué tipo de providencia ha preparado Dios para Israel en los últimos días mientras esperan al Mesías?

Mi Vida, Mi Fe I & II

La autobiografía del Dr. Jaerock Lee proporciona un fragante aroma espiritual a los lectores a través de su vida extraída del amor de Dios que brotó en medio de olas oscuras, un yugo frío y la mayor desesperación.

El Poder de Dios

Un libro que toda persona debe leer, ya que sirve como una guía esencial por medio de la cual podemos llegar a poseer fe verdadera, además de experimentar el maravilloso poder de Dios.

www.ingramcontent.com/pod-product-compliance
Lightning Source LLC
LaVergne TN
LVHW010311070526
838199LV00065B/5519